L. TROTZKI

L'AVÈNEMENT DU BOLCHEVISME

"ÉDITIONS & LIBRAIRIE"

40, Rue de Seine

PARIS

L'AVÈNEMENT

DU

BOLCHEVISME

DU MÊME TRADUCTEUR

LE RÊVE DE L'ALLEMAGNE
Le Partage de la France, traduit de l'allemand (75ᵉ édition).

Éditions et Librairie, 40, rue de Seine, Paris. . . . . . **1 fr. 80**

L. TROTSKY

L'Avènement du Bolchevisme

TRADUIT PAR

FRANCIS-FRANÇOIS FRANÇAIS

PARIS
ÉDITIONS ET LIBRAIRIE
= E. CHIRON, Éditeur =
40, RUE DE SEINE, 40
—
1920

A tout esprit avisé, éclairé et impartial, qui ne veut pas se payer de mots, ce simple document, quelque sévère ou tendancieux qu'il puisse paraître, est offert — objectivement — comme une contribution à la recherche de la Vérité.

F.-F. F.

PRÉFACE

Cet ouvrage a été composé en majeure partie — à temps perdu — dans un milieu peu favorable à un travail systématique. C'est à Brest-Litowsk, dans l'intervalle des séances de la Conférence de la Paix, qu'ont été ébauchés les divers chapitres de cette esquisse, dont l'objet proprement dit est de faire connaître au prolétariat international les causes, la marche et la signification de la Révolution accomplie en Russie au mois d'octobre 1917. Tel fut le cours de l'histoire du monde que les délégués du régime le plus révolutionnaire que l'humanité ait jamais vu avaient à traiter, autour du même tapis vert, avec les représentants de la caste la plus réactionnaire qui fût entre toutes les classes dominantes.

Dans les négociations de paix, nous n'avons pas oublié un seul instant que nous étions là comme les représentants de la classe révolutionnaire. Nos discours s'adressaient aux travailleurs de tous pays, opprimés par la guerre. Notre énergie était soutenue par la ferme conviction que dans le règlement de la guerre, comme dans toutes les autres questions, le mot final serait prononcé par le prolétariat européen. Lorsque nous parlions à M. von Kühlmann et au comte Czernin, nous pensions à nos amis et camarades d'opinions, Karl Liebknecht et Fritz Adler.

Nos instants de loisir, nous les avons consacrés à la rédaction de cette brochure, destinée aux travailleurs d'Allemagne, d'Autriche-Hongrie et de tous les autres pays.

La presse bourgeoise de l'Europe entière est parfaitement unie dans l'élaboration du tissu de mensonges et de calomnies dont elle enveloppe le gouvernement prolétarien de la Russie.

La presse socialo-patriote montre — sans courage et sans foi en sa propre cause — sa complète incapacité de comprendre le sens de la Révolution russe et de l'expliquer aux masses ouvrières.

C'est pour ces masses qu'a été conçue cette brochure. Nous croyons fermement que les travailleurs révolutionnaires de l'Europe et des autres parties du monde nous comprendront. Nous croyons qu'ils entreprendront bientôt cet ouvrage que nous sommes actuellement en train d'accomplir; mais — s'appuyant sur une expérience plus riche et sur des moyens intellectuels et techniques plus développés — ils accompliront cet ouvrage avec beaucoup plus de perfection, et ils nous aideront à triompher de toutes nos difficultés.

L. TROTZKY.

Brest-Litowsk, le 12 /25 février 1918.

L'AVÈNEMENT DU BOLCHEVISME

À

La petite Bourgeoisie intellectuelle et la Révolution

A notre époque, les événements se déroulent si vite qu'il est difficile de les reconstruire de mémoire, ne serait-ce que dans leur ordre chronologique. Actuellement, nous n'avons sous la main ni journaux ni documents. Les arrêts périodiques qui se produisent au cours des négociations de paix nous laissent cependant quelques loisirs qui, étant donné les circonstances où nous sommes, ne se retrouveront sans doute pas de sitôt. C'est pourquoi je me propose de retracer de mémoire la marche et le développement de la Révolution d'Octobre, en me réservant de compléter et de corriger plus tard cet exposé à l'aide des documents.

Ce qui, dès la première phase de la Révolution, a caractérisé notre parti, c'est la conviction que, selon la logique profonde des événements, il devait arriver au pouvoir. Je ne parle pas ici des théoriciens qui, déjà longtemps avant cette Révolution et même avant la Révolution de 1905 — partant de l'analyse du système des classes existant en Russie — étaient parvenus à cette conclusion que le cours victorieux de la Révolution donnerait nécessairement le pouvoir au prolétariat, dont la force consistait dans les masses innombrables de la classe paysanne dénuée de tout.

Cette prévision se fondait principalement sur la nullité des démocrates bourgeois en Russie, ainsi que sur la concentration de l'industrie russe et par conséquent sur la grande importance sociale du prolétariat russe.

La nullité des démocrates bourgeois fait pendant avec la force et l'importance du prolétariat. Certes, la guerre a illusionné momentanément beaucoup de monde et, avant tout, les groupes dirigeants de la démocratie bourgeoise.

La guerre a donné à l'armée, dans les événements de la Révolution, le rôle décisif. La vieille armée se confondait avec la classe paysanne. Si la Révolution s'était développée plus normalement, c'est-à-dire dans les conditions du temps de paix, ainsi qu'elle avait déjà commencé en 1912, le prolétariat aurait forcément dès l'abord occupé la première place. Les masses paysannes auraient été progressivement, à la remorque du prolétariat, entraînées dans le mouvement révolutionnaire. Mais la guerre a créé une dynamique des événements tout à fait différente.

L'armée forma avec les paysans des unités non pas politiques, mais simplement militaires. Avant que des revendications et des idées révolutionnaires précises aient soudé ensemble les masses paysannes, ces idées s'étaient déjà implantées dans les rangs des régiments, des divisions, des corps d'armée et des armées. Les éléments de la petite bourgeoisie démocratique épars dans cette armée, et qui, au point de vue militaire et intellectuel, y jouaient le principal rôle, avaient presque généralement des allures de petits bourgeois révolutionnaires.

Le mécontentement social régnant au sein des masses vint à s'accroître et chercha une issue, par suite, notamment, de l'effondrement militaire du tzarisme. Dès que la Révolution put se déployer. l'avant-garde du prolériat fit revivre la tradition de 1905 et rassembla les masses populaires, pour organiser des institutions de représentants, sous forme de soviets de députés.

L'armée eut à envoyer des représentants aux institutions révolutionnaires, avant que sa conscience politique ait pu se hausser, même dans une faible mesure, jusqu'au niveau des événements de la Révolution poursuivant son essor. Or, qui les soldats pouvaient-ils choisir comme députés ? Evidemment, ceux-là seuls qui parmi eux représentaient les intellectuels, ou les demi-intellectuels, ceux qui possédaient un certain fonds, si minime fût-il, de connaissances politiques et qui savaient faire valoir ces connaissances.

C'est ainsi que subitement les intellectuels de la petite bourgeoisie atteignirent, par la volonté de l'armée en train de s'éveiller, des hauteurs inouïes. Médecins, ingénieurs avocats, journalistes, volontaires d'un an, qui avant la guerre avaient mené une existence tout à fait ordinaire et qui n'avaient prétendu à aucun rôle éminent, se trouvèrent maintenant, d'un seul coup, être les représentants de corps d'armée entiers et d'armées tout entières, et ils se sentirent instantanément les « conducteurs » de la Révolution.

L'imprécision de leur idéologie politique répondait admirablement au vague et au manque d'esprit conscient des masses révolutionnaires. Ces éléments bourgeois nous traitaient — nous, les « sectaires », qui formulions les revendications sociales des ouvriers et des paysans dans toute leur âpreté et dans toute leur intransigeance — avec la plus grande arrogance En même temps, la petite bourgeoisie démocratique, dans son orgueil de « parvenu révolutionnaire », éprouvait la plus profonde méfiance à l'égard de ses propres forces, ainsi qu'à l'égard de cette masse qui avait atteint une élévation inconcevable.

Bien que les intellectuels se qualifiassent de socialistes et se fissent passer pour tels, ils considéraient la toute-puissance politique de la grande bourgeoisie libérale, ses connaissances et ses méthodes, avec un respect mal dissimulé. De là la tendance des meneurs de la petite bourgeoisie à vouloir réaliser à tout prix la collaboration, l'alliance et la coalition avec la grande bourgeoisie libérale.

Le programme du parti socialiste-révolutionnaire (programme reposant complètement sur de vagues formules humanitaires, qui substituent aux méthodes de classe des lieux communs sentimentaux et des élucubrations morales) sembla à cette catégorie de meneurs *ad hoc* l'ornement intellectuel le plus convenable. Leur effort pour déguiser leur impuissance intellectuelle et politique sous les espèces de la science et de la politique bourgeoises, qui leur imposaient si fort, trouva sa justification théorique dans la doctrine des « Menschewiki ».

Cette doctrine déclarait que la présente révolution était une révolution bourgeoise et que, par conséquent, elle ne pouvait aboutir sans la participation de la bourgeoisie au gouvernement. Ainsi se constitua naturellement le bloc des socialistes-révolutionnaires et des Menschewiki, dans lequel s'affirmèrent simultanément l'ineptie politique des intellectuels bourgeois et leur inféodation au libéralisme impérialiste.

Il était, pour nous, absolument certain que la logique de la lutte des classes détruirait tôt ou tard cette combinaison provisoire et mettrait au rancart les chefs de cette période de transition. L'hégémonie des intellectuels de la petite bourgeoisie n'était au fond que la traduction matérielle de ce fait que la classe paysanne — appelée subitement par le mécanisme de la guerre à prendre organiquement part à la vie politique — l'emportait numériquement sur la classe ouvrière et provisoirement la supplantait.

Mais ce n'est pas assez dire. Du fait que les chefs

de la petite bourgeoisie avaient été portés par les masses de l'armée à cette hauteur vertigineuse, le prolétariat lui-même, à l'exception de sa minorité dirigeante, ne pouvait pas leur refuser une certaine considération politique, et ne pouvait pas s'empêcher de chercher à nouer avec eux une alliance politique — sinon le prolétariat courait le risque d'être coupé d'avec la classe paysanne. Or, la vieille génération ouvrière n'avait pas encore oublié les leçons de 1905, alors que le prolétariat avait été brisé, précisément parce que, au moment décisif, les lourdes réserves paysannes n'avaient pas bougé.

C'est pour cette raison que dans la première période de la Révolution les masses prolétariennes furent, elles aussi, si accessibles à l'idéologie politique des socialistes-révolutionnaires et des Menschewiki ; et cela d'autant mieux que la Révolution réveillait le restant des masses prolétariennes jusqu'alors en plein sommeil et faisait ainsi de l'amorphe radicalisme intellectuel une école préparatoire à leur usage.

Dans ces conditions, les soviets des députés ouvriers, soldats et paysans marquaient le triomphe de l'amorphisme paysan sur le socialisme prolétarien, et, par contre-coup, le triomphe du radicalisme prolétarien sur l'amorphisme paysan. Si l'édifice des soviets atteignit, avec une telle rapidité, une hauteur si considérable c'est, dans une large mesure, parce que les intellectuels, avec leurs connaissances techniques et leurs accointances bourgeoises, jouèrent un rôle prépondérant dans l'édification des soviets.

Mais nous savions de science certaine que cette construction imposante reposait sur les conflits internes les plus profonds, et que son effondrement était absolument inévitable au cours de la prochaine étape révolutionnaire.

II

La Question de la Guerre

La Révolution était née directement de la guerre, et la guerre devint la pierre de touche de tous les partis et de toutes les forces révolutionnaires. Les meneurs intellectuels étaient « contre la guerre » ; au temps du tzarisme beaucoup d'entre eux passaient pour affiliés à l'aile gauche de l'Internationale et, ils furent zimmerwaldiens. Mais à peine se trouvèrent-ils avoir « des responsabilités » que tout changea de face.

Pratiquer la politique du socialisme révolutionnaire, c'était, dans ces conditions, rompre avec la bourgeoisie, la bourgeoisie russe et la bourgeoisie alliée. Or, comme nous l'avons déjà dit, l'impuissance politique de la petite bourgeoisie intellectuelle et semi-intellectuelle cherchait une « couverture » dans l'alliance avec le libéralisme bourgeois. D'où le triste rôle, et véritablement honteux, joué par les chefs de la petite bourgeoisie dans la question de la guerre.

Des soupirs, des phrases, des exhortations ou des prières secrètes adressées par eux au Gouvernement « allié », c'est tout ce qu'ils surent trouver ; mais, en fait, ils continuaient de marcher sur les pas de la grande bourgeoisie libérale. Les soldats mourant dans les tranchées ne pouvaient évidemment pas en conclure que la guerre, à laquelle ils participaient depuis près de trois ans, avait subitement pris une autre tournure par le seul fait qu'à Pétrograd quelques personnalités nouvelles, s'appelant socialistes-révolutionnaires ou Menschewiki, étaient entrées au gouvernement.

Milioukow succédait au fonctionnaire Pokrowski et Tereschtschenko à Milioukow ; c'est-à-dire, tout simplement, qu'au lieu de la déloyauté bureaucratique, il y eut d'abord l'impérialisme militariste des Cadets et puis l'absence de tout principe et la « complaisance » politique ; mais de changements objectifs il n'y en avait pas et l'on ne montrait aucune issue réelle aux luttes terribles de la guerre.

Or, c'est là qu'est précisément l'origine de la décomposition graduelle de l'armée. Les agitateurs expliquaient aux soldats que le Gouvernement du tzar les envoyait sans but ni raison à l'abattoir. Mais les sucesseurs du tzar ne surent pas le moins du monde modifier le caractère de la guerre, de même qu'ils ne surent pas non plus frayer un chemin à la lutte pour la paix. Dans les premiers mois, on ne bougea pas d'une semelle, ce qui provoqua l'impatience de l'armée autant que celle des Gouvernements alliés. La conséquence en fut l'offensive du 18 juin. Les Alliés exigèrent l'offensive, en présentant à l'encaissement de vieilles lettres de change du tzarisme.

Les dirigeants de la petite bourgeoisie, intimidés par leur propre impuissance et par l'impatience croissante des masses, firent droit à cette réclamation. Ils commencèrent à s'imaginer vraiment que, pour conclure la paix, il ne suffisait plus que d'un coup d'épaule de la part de l'armée russe. L'offensive leur sembla le moyen de sortir de l'impasse, la solution du problème, enfin le salut.

On ne saurait concevoir une erreur plus monstrueuse et plus criminelle. En ce temps-là, ils parlaient de l'offensive exactement comme, aux premiers jours et aux premières semaines de la guerre, les socialistes patriotes parlaient de la nécessité de défendre « la patrie », de la paix intérieure, de l' « union sacrée », etc.,

etc. Tout leur enthousiasme zimmerwaldien et internationaliste était comme balayé.

Nous, qui leur faisions une opposition irréductible, nous savions bien que l'offensive pouvait constituer un péril effroyable et amener jusqu'à la ruine de la Révolution. Nous fîmes observer qu'on ne devait pas envoyer à la bataille une armée qui venait de s'éveiller et qu'avait ébranlée le fracas des événements dont elle ne se rendait même pas encore compte, sans, au préalable, lui avoir inspiré de nouvelles idées qu'elle regardât comme les siennes propres. Nous eûmes recours à l'exhortation, à la démonstration, à la menace. Mais, comme, pour les partis dirigeants, qui à leur tour étaient liés avec la bourgeoisie russe et les bourgeoisies alliées, il n'y avait pas d'autre issue possible, ils ne nous manifestèrent qu'une attitude hostile et une haine implacable.

<h2 style="text-align:center">III</h2>

La Campagne contre les Bolschewiki

L'historien de l'avenir ne feuillettera pas sans émotion les journaux russes de mai et juin 1917, période de la préparation morale de l'offensive. Tous les articles des organes officieux et gouvernementaux étaient, presque sans exception, dirigés contre les Bolschewiki.

Il n'y a aucune accusation, aucune calomnie qui, à cette époque, n'ait été « mobilisée » contre nous. Dans cette campagne, le rôle principal était, comme il fallait s'y attendre, tenu par les Cadets. Leur instinct de classe leur disait qu'il ne s'agissait pas seulement de l'offensive, mais de tout le développement ultérieur de la

Révolution et, surtout, de l'avenir de l'Etat. L'appareil bourgeois de la soi-disant « opinion publique » se déploya alors dans toute son ampleur. Organes divers, autorités diverses, publications, tribunes et chaires, tout fut mis au service du but commun : rendre les Bolschewiki impossibles, en tant que parti politique. La tension concentrée et tout le dramatique de la campagne de presse menée contre les Bolschewiki trahissaient déjà avant l'heure la guerre civile qui devait se développer dans la phase suivante de la Révolution.

Cette campagne de haine et de calomnie avait pour objet de diviser radicalement et d'exciter les unes contre les autres, en créant entre elles une cloison étanche, les masses ouvrières et la « société cultivée ». La grande bourgeoisie libérale comprenait bien qu'elle ne réussirait pas à apprivoiser les masses sans l'intermédiaire et l'assistance des petits bourgeois démocrates qui, comme nous l'avons déjà vu, détenaient provisoirement la direction des organisations révolutionnaires. L'hallali politique contre les Bolschewiki avait donc pour but immédiat de provoquer une inimitié irréductible entre notre parti et les couches profondes du « socialisme intellectuel » qui, une fois isolé du prolétariat, tomberait fatalement dans le vasselage de la grande bourgeoisie libérale.

C'est à l'époque du premier Congrès des Soviets de toutes les Russies qu'éclata avec un bruit effroyable le premier coup de tonnerre, faisant pressentir les terribles événements qui allaient se produire. Notre parti avait projeté, pour le 10 juin, une démonstration armée dans les rues de Pétrograd. Cette démonstration avait pour objet d'agir directement sur le Congrès des Soviets de toutes les Russies : « Saisissez le pouvoir », voulaient dire par là les ouvriers de Pétrograd aux socialistes-révolutionnaires et aux Menschewiki venus de tous les coins du pays : « Rompez avec la bourgeoisie, renoncez à vous coaliser avec elle, et saisissez le pouvoir. »

Il était manifeste pour nous qu'une rupture des socialistes-révolutionnaires et des Menschewiki avec la grande bourgeoisie libérale les aurait obligés à chercher un appui dans les rangs les plus avancés du prolétariat ; ils se seraient ainsi assurés au détriment de la grande bourgeoisie une situation prépondérante. Mais, précisément, c'est de cela qu'eurent peur les chefs de la petite bourgeoisie. Lorsqu'ils eurent connu le projet de démonstration, ils déclanchèrent, de concert avec le gouvernement dans lequel ils avaient des représentants et conjointement avec la bourgeoisie libérale et contre-révolutionnaire, une campagne véritablement insensée contre la démonstration.

Tous les atouts furent mis en jeu. Nous n'étions alors au Congrès qu'une minorité insignifiante et nous dûmes battre en retraite. La démonstration n'eut pas lieu. Cependant cette manifestation avortée laissa les vestiges les plus profonds dans la conscience des deux partis ; elle accentua les contrastes et aggrava les inimitiés. Dans une séance particulière du bureau du Congrès, séance à laquelle assistaient les représentants de notre fraction, M. Tseretelli, qui était alors ministre dans le gouvernement de coalition, déclara, avec toute l'intransigeance du petit bourgeois doctrinaire, à l'esprit borné, que le seul péril menaçant la Révolution venait des Bolschewiki et du prolétariat de Pétrograd armé par eux. Il en conclut qu'il fallait désarmer des gens « qui ne savent pas se servir d'une arme ». Cela s'appliquait aux ouvriers et aux éléments de la garnison de Pétrograd adhérant à notre parti. Seulement, le désarmement n'eut pas lieu, car les conditions politiques et psychologiques permettant l'exécution d'une mesure aussi radicale n'existaient pas.

Afin de dédommager les masses de cette démonstration manquée, le Congrès des Soviets annonça une démonstration générale, sans armes, pour le 18 juin. Or, ce jour-là devint précisément le jour du triomphe de notre parti. Les masses parcoururent les rues en puissantes colonnes et, bien que, contrairement à ce qui avait eu lieu dans notre projet de démonstration pour le 10 juin, elles aient été appelées dans la rue par l'autorité officielle des Soviets, les ouvriers avaient inscrit sur leurs drapeaux et étendards les mots d'ordre de notre parti : « A bas les traités secrets ! » — « A bas la politique de l'offensive ! » — « Vive la paix honnête ! » — « A bas les dix ministres capitalistes ! » — « Toute la puissance gouvernementale aux Soviets ! ».

Seules, trois pancartes exprimaient la confiance dans le ministère de coalition, celle du régiment des Cosaques, celle du groupe de Plechanow et celle de la section de Pétrograd de la « Ligue » des Juifs, qui comprend surtout des éléments étrangers au prolétariat.

Cette démonstration prouva non seulement à nos ennemis, mais encore à nous-mêmes, que dans Pétrograd nous étions beaucoup plus forts que nous ne le supposions.

IV

L'Offensive du 18 Juin

A la suite de cette démonstration des masses révolutionnaires, une crise gouvernementale semblait tout à fait inévitable. Mais la nouvelle arrivant du front que l'armée révolutionnaire avait pris l'offensive effaça l'impression produite par la démonstration. Le jour même que le prolétariat et la garnison de Pétrograd réclamaient la publication des documents secrets ainsi que des offres de paix catégoriques, Kérensky lançait l'armée révolutionnaire dans l'offensive.

Ce n'était pas là, naturellement, une coïncidence purement fortuite. Les machinateurs de la coulisse politique avaient déjà tout préparé d'avance et le moment de l'offensive avait été déterminé non par des motifs militaires, mais par des motifs politiques.

Le 19 juin, la soi-disant manifestation patriotique parcourait les rues de Pétrograd. La Perspective Newsky — l'artère principale de la circulation bourgeoise — était remplie de groupes animés, au sein desquels officiers, journalistes et élégantes dames entretenaient une chaude agitation contre les Bolschewiki.

Les premières informations relatives à l'offensive étaient favorables. La grande presse libérale prétendait que le principal était acquis, que l'attaque du 18 juin, quelles que fussent ses conséquences militaires ultérieures, était un coup mortel porté à la Révolution, car elle rétablirait dans l'armée la vieille discipline et assurerait à la grande bourgeoisie libérale la domination dans l'Etat.

Nous, nous avions fait d'autres prédictions. Dans une déclaration particulière que nous avions présentée au premier Congrès des Soviets quelques jours avant l'offensive de juin, nous disions que cette offensive détruirait l'unité intérieure de l'armée, opposerait entre elles les diverses parties de celle-ci et donnerait aux contre-révolutionnaires une grosse prépondérance, car le maintien de la discipline dans une armée en voie de dislocation et sans ressort moral nouveau donnerait lieu à de sévères représailles.

En d'autres termes, nous faisions prévoir dans cette

déclaration les conséquences qui se réalisèrent plus tard sous le nom général d'affaire Kornilow. Nous indiquions que, dans tous les cas, la Révolution était menacée par le plus grand danger : dans le cas de réussite de l'offensive — réussite à laquelle nous ne croyions pas — comme dans le cas d'un échec, lequel nous paraissait presque inévitable.

La réussite de l'offensive plongerait la petite bourgeoisie dans l'atmosphère de chauvinisme dont s'enivrait la grande bourgeoisie, et isolerait ainsi le prolétariat révolutionnaire. L'échec de l'offensive, par contre, menaçait l'armée de la débâcle complète, avec une déroute chaotique, la perte de nouvelles provinces, le désillusionnement et le désespoir des masses.

Ce fut la deuxième hypothèse qui se réalisa. Les nouvelles de victoire ne durèrent pas longtemps. A leur place on n'eut plus que l'annonce de tristes événements, comme le refus de nombreux corps de troupe de soutenir les éléments d'attaque, l'extermination des officiers, qui parfois constituaient à eux seuls les unités d'assaut, etc. (1).

____

(1) En raison de sa grande importance historique, nous citons ici des extraits d'un document publié par notre parti au Congrès des Soviets de toutes les Russies, le 3 juin 1917, c'est-à-dire quinze jours avant l'offensive :

« Nous estimons que la première question à examiner par le Congrès, celle dont dépend, non seulement l'avenir de tous les travaux du Congrès, mais, littéralement parlant, le sort de la Révolution russe tout entière, est la question de cette offensive qui se prépare pour demain.

« En mettant le peuple et l'armée — qui ne savent pas au nom de quels buts internationaux ils sont appelés à verser leur sang — en face de la réalité de l'offensive avec toutes les suites qu'elle comporte, les milieux contre-révolutionnaires de Russie espèrent que l'offensive provoquera une concentration du pouvoir entre les mains des éléments diplomatico-militaires — ces éléments coalisés avec l'impérialisme anglais, français et américain — et les délivrera ainsi de la nécessité d'avoir à compter à l'avenir avec la volonté organisée de la démocratie russe.

Les événements militaires se compliquaient encore de difficultés toujours croissantes dans la vie intérieure du pays. Sur le terrain de la question agraire, de l'organisation industrielle, des rapports nationaux, le gouvernement de coalition ne faisait aucun pas en avant. Le ravitaillement et les transports étaient de plus en plus difficiles ; les conflits locaux devenaient chaque jour plus fréquents.

Les ministres « socialistes » demandaient aux masses d'attendre. Toutes décisions et toutes mesures urgentes, notamment la question de la Constituante, étaient ajournées. L'irrésolution et l'incertitude du régime étaient manifestes. Il n'y avait que deux issues possibles : ou bien la bourgeoisie devait être chassée du pouvoir et la révolution marcher de l'avant, ou bien on allait par de sévères représailles « museler » les masses populaires. Kérensky et Tseretelli louvoyèrent entre ces deux partis extrêmes et ne firent qu'embrouiller davantage la situation.

Lorsque les Cadets, qui étaient l'élément le plus avisé et le plus perspicace de la coalition gouvernementale, virent que l'échec de l'offensive de juin pourrait porter un coup fatal, non seulement à la Révolution, mais encore aux partis dirigeants, ils s'empressèrent de se retirer,

----

« Les initiateurs secrets de cette offensive contre-révolutionnaire, ne reculant devant aucune « aventure guerrière », cherchent délibérément à jouer, comme d'un dernier atout, de l'ébranlement de l'armée, produit par la situation politique intérieure et extérieure du pays, et à cet effet ils suggèrent aux éléments désespérés de la démocratie la pensée radicalement fausse que le simple fait de l'offensive déterminera la « régénération » de l'armée, et qu'ainsi, mécaniquement, il pourra être suppléé à l'absence de tout programme solide de liquidation de la guerre. Or, il est manifeste qu'une telle offensive doit fatalement désorganiser à tout jamais une armée dont les troupes sont divisées entre elles. »

en rejetant toutes les responsabilités sur le dos de leurs co-partenaires de gauche.

Le 2 juillet eut lieu la crise ministérielle, dont la cause occasionnelle fut la question de l'Ukraine. Ce fut, à tous les points de vue, un moment d'extrême tension politique. Des différentes parties du front affluèrent des délégations et des représentants isolés, décrivant le chaos qui régnait dans l'armée, à la suite de l'offensive. La presse « gouvernementale » demanda des représailles rigoureuses. Des voix analogues retentirent toujours plus fréquentes dans les colonnes de la presse « socialiste ».

Kérensky se rapprocha de plus en plus, ou pour mieux dire, toujours plus ouvertement du parti Cadet et des généraux Cadets, et il manifesta publiquement non seulement toute la haine qu'il avait pour les Bolschewiki, mais encore son aversion pour les partis révolutionnaires en général. Les diplomates de l'Entente exerçaient une pression sur le Gouvernement et demandaient la restauration de la discipline et la continuation de l'offensive. Dans les milieux gouvernementaux régnait la plus grande légèreté d'esprit. Au sein des masses ouvrières s'accumulait une irritation qui attendait impatiemment l'heure de l'explosion.

« Profitez donc du départ des ministres Cadets, pour prendre en mains tout le pouvoir », disaient les ouvriers de Pétrograd aux partis dirigeants des soviets, les socialistes-révolutionnaires et les Menschewiki. Je me rappelle la séance du Comité exécutif du 2 juillet. Les ministres socialistes étaient venus rendre compte de la nouvelle crise gouvernementale. Nous attendions avec le plus vif intérêt de voir quelle position ils allaient prendre, après que la dure épreuve à laquelle la politique de coalition les avait soumis, les avait si honteusement conduits à l'apostasie.

Le rapporteur était Tseretelli. Il expliqua longuement au Comité exécutif que les concessions que lui et Terestschenko avaient faites à la Rada de Kiew, étaient loin de signifier le démembrement de la Russie et par conséquent n'étaient pas un motif suffisant pour que les Cadets quittent le ministère. Tseretelli reprocha aux chefs Cadets leur doctrinarisme centralisateur, leur incompréhension de la nécessité d'un compromis avec l'Ukraine, etc., etc.

L'impression produite fut au-dessous de tout. Le doctrinaire intransigeant de la coalition osait accuser de doctrinarisme les froids politiciens du capital qui saisissaient la première occasion venue pour faire payer par leurs ennemis politiques les frais de ce revirement décisif qu'était, à leurs yeux, la marche des événements consécutifs à l'offensive du 18 juin.

D'après toutes les expériences précédentes de la coalition, une seule issue semblait possible : rupture avec les Cadets et constitution d'un gouvernement des soviets. L'équilibre des forces au sein des soviets était alors tel que le gouvernement des soviets, au point de vue de la politique des partis, aurait été entre les mains des socialistes-révolutionnaires et des Menschewiki.

Nous appuyâmes carrément cette politique. Grâce à la possibilité de réélections continuelles, le mécanisme des soviets permettait d'obtenir une expression assez exacte de l'opinion des masses ouvrières et militaires, s'orientant toujours davantage vers la gauche ; après la rupture de la coalition avec la grande bourgeoisie, les tendances extrêmes devaient donc, selon notre prévision, être prépondérantes dans la composition des soviets. Cela étant, la lutte du prolétariat pour le pouvoir aurait été naturellement canalisée dans les voies de l'organisation soviétiste, et elle se serait tranquillement propagée plus avant.

Après la rupture avec la grande bourgeoisie, les petits bourgeois démocrates, attaqués eux-mêmes par cette dernière, auraient dü se rapprocher davantage du prolétariat socialiste, de sorte que leur indécision et leur « amorphisme » politique auraient été tôt ou tard balayés, sous la violence de notre critique, par les masses ouvrières. C'est pour ce motif seul que nous demandions aux partis dirigeants des soviets — pour lesquels et, nous ne le cachions pas, nous n'avions aucune confiance politique — de prendre en mains le pouvoir.

Mais, même après la crise ministérielle du 2 juillet, Tscretelli et ses compagnons ne renoncèrent pas à l'« idée » de la coalition. Ils déclarèrent au Comité exécutif que les chefs Cadets étaient, il est vrai, rongés par le doctrinarisme et même par des tendances contre-révolutionnaires, mais qu'il y avait en province de nombreux éléments bourgeois qui étaient encore en mesure de marcher à l'unisson de la démocratie révolutionnaire et que, pour s'assurer leur collaboration, il fallait admettre dans le nouveau ministère les représentants de la grande bourgeoisie.

L'annonce que la coalition n'était dissoute que pour faire place à une coalition nouvelle se répandit tout de suite dans Pétrograd et déchaîna dans les quartiers où habitaient les ouvriers et les soldats une tempête d'indignation. C'est ainsi que se préparèrent les événements des 3, 4 et 5 juillet.

V

Les Journées de Juillet

Au sein même de la séance du Comité exécutif, nous fûmes informés téléphoniquement que le régiment des mitrailleurs faisait des préparatifs d'attaque. Nous prîmes aussitôt par téléphone nos dispositions pour retenir le régiment, mais dans les couches profondes de la ville se déployait une vive activité. Du front étaient venus des délégués des contingents dissous pour cause d'insubordination et ils apportaient des nouvelles inquiétantes sur les représailles et excitaient la garnison.

Les ouvriers de Pétrograd étaient d'autant plus mécontents des chefs officiels que Tseretelli, Dan et Tscheidse égaraient l'opinion publique du prolétariat et s'efforçaient d'empêcher le soviet de Pétrograd de devenir l'organe des nouvelles tendances des masses ouvrières.

Le Comité exécutif de toutes les Russies, créé lors du Congrès de juillet et s'appuyant sur la province retardataire, rejetait de plus en plus le soviet de Pétrograd à l'arrière-plan et accaparait même la direction des affaires spéciales à Pétrograd. Un conflit était inévitable. Les ouvriers et les soldats exerçaient une pression de plus en plus forte ; ils exprimaient violemment leur mécontentement de la politique officielle des soviets et ils réclamaient de notre parti une action plus énergique.

Nous pensions qu'en raison de l'état arriéré de la province, l'heure d'une pareille action n'était pas encore sonnée. Mais en même temps nous redoutions que les événements du front produisissent dans les rangs de la

Révolution un monstreux chaos et en vinssent à acculer au désespoir les masses ouvrières. La position de notre parti par rapport au mouvement des 3, 4 et 5 juillet était nettement déterminée. D'un côté, l'on craignait que Pétrograd ne vienne à s'isoler de la province retardataire, mais, de l'autre, on espérait qu'une intervention énergique et active partant de Pétrograd pourrait, seule, sauver la situation. Les agitateurs du parti, répandus dans les couches inférieures de la population, marchaient avec la masse et fomentaient une agitation sans demi-mesures.

Jusqu'à un certain point, on espérait encore que la descente dans la rue des masses révolutionnaires aurait raison du stupide doctrinarisme des gens du juste milieu et les forcerait à comprendre que c'est seulement en rompant ouvertement avec la grande bourgeoisie qu'ils pourraient se maintenir au gouvernement. Malgré tout ce que dit et écrivit dans les jours suivants la presse bourgeoise, notre parti n'avait nullement l'intention de s'emparer du pouvoir à la faveur d'un mouvement à main armée. Il s'agissait uniquement d'une démonstration révolutionnaire, éclose spontanément, mais dirigée par nous vers un but politique.

Le Comité central exécutif siégeait au palais de Tauride, lorsque le palais fut investi par les vagues tumultueuses des ouvriers et des soldats en armes. Parmi les manifestants se trouvaient aussi, naturellement, une infime minorité d'éléments anarchistes, prêts à faire usage de leurs armes contre la résidence du soviet. Il y avait aussi parmi eux des éléments qui visaient à amorcer des pogroms, des « Cent Noirs », et des gens manifestement payés pour cela, et qui cherchaient à profiter de la situation pour fomenter des troubles et des émeutes.

Ces éléments demandaient l'arrestation de Tschernow et de Tseretelli, la dispersion du Comité exécutif, etc.

On essaya même de s'emparer de Tschernow. Par la suite, je reconnus, dans la prison de Kresty, l'un des matelots qui avaient participé à cette tentative d'arrestation : or, j'appris que c'était un malfaiteur qui était détenu en prison pour acte de brigandage. Mais la presse bourgeoise et du juste milieu représenta tout le mouvement comme un coup de main pogromiste et contre-révolutionnaire en même temps que bolschewiste, dont l'objet immédiat était de s'emparer du pouvoir en faisant violence au Comité central exécutif.

Le mouvement des 3, 4 et 5 juillet montra fort nettement que les partis dirigeants du soviet de Pétrograd s'agitaient dans le vide. Nous étions loin alors d'avoir pour nous la garnison entière. Il y avait là des éléments indécis, irrésolus, passifs. Mais, en dehors des aspirants-officiers, aucune troupe n'eût été disposée à se battre contre nous pour la défense du gouvernement ou des partis dirigeants du soviet. Il fallait donc appeler en hâte des troupes du front.

Toute la stratégie de Tseterelli, Tschernow et autres fut, le 3 juillet, d'essayer de gagner du temps et de donner à Kérensky la possibilité d'amener à Pétrograd des troupes « sûres ».

Dans la salle du Palais de Tauride, qui était entouré par une foule considérable de peuple armé, survenaient députations sur députations, réclamant la rupture complète avec la grande bourgeoisie, des réformes sociales absolues et l'ouverture de négociations de paix.

Nous, Bolschewiki, nous recevions chaque nouveau détachement militaire dans la rue ou dans la cour, en les exhortant au calme et en exprimant la certitude que, étant donné l'attitude actuelle des masses, le parti du juste milieu ne réussirait pas à constituer un nouveau gouvernement de coalition. Les plus exaltés étaient les militants venus de Cronstadt ; nous eûmes beaucoup de peine à les maintenir dans les bornes de la démonstration.

Le 4 juillet, la démonstration prit une ampleur encore plus vaste, — et déjà sous la direction immédiate de notre parti. Les chefs du soviet manquaient de décision, leurs discours étaient évasifs ; les réponses qu' « Ulysse-Tschchcidse » faisait aux délégations étaient vides de tout contenu politique. Il était clair que tous les chefs officiels étaient dans l'attente.

Dans la nuit du 4, les premières troupes « sûres » arrivèrent du front. Pendant la séance du Comité exécutif retentirent à l'intérieur du Palais de Tauride les cuivres de la *Marseillaise*. Les visages des membres du bureau se transformèrent instantanément. L'assurance, qui au cours des derniers jours leur avait tant manqué, était de nouveau en place. C'était le régiment de Wolynie qui entrait au Palais de Tauride, ce régiment qui, quelques mois après, marchait sous nos drapeaux à l'avant-garde de la Révolution d'Octobre.

Dès lors tout changea de face. On ne s'imposa plus aucune contrainte à l'égard des délégations des ouvriers et soldats de Pétrograd ou des représentants de la flotte de la Baltique. Du haut de la tribune du Comité exécutif volaient les discours sur l'émeute à main armée, que venaient de réprimer « les troupes fidèles à la Révolution. » Les Bolschewiki furent déclarés parti contre-révolutionnaire.

L'angoisse que la grande bourgeoisie avait éprouvée pendant les deux derniers jours de la démonstration armée fit maintenant place à une haine rouge, non seulement dans les colonnes des journaux, mais encore dans les rues de Pétrograd et, tout particulièrement, sur la Perspective Newsky, où les ouvriers et les soldats que l'on saisissait en flagrant délit d' « agitation criminelle » étaient simplement roués de coups.

Aspirants-officiers, officiers, troupes de choc, chevaliers de Saint-Georges, restaient les maîtres de la situation. A leur tête se plaçaient des contre-révolutionnaires intransigeants. Dans la ville, l'offensive contre les organisations ouvrières et les institutions de notre parti se poursuivait impitoyablement. Arrestations, perquisitions, bastonnades et assassinats se multipliaient.

Le 4, dans la nuit, le ministre de la justice, M. Perewersew, livra à l'impression les « documents » qui devaient démontrer qu'à la tête du parti des Bolschewiki il y avait des agents soudoyés par l'Allemagne. Les chefs du parti des socialistes-révolutionnaires et des Menschewiki nous connaissaient depuis trop longtemps et trop bien pour croire à ces imputations ; mais ils étaient trop intéressés au succès de ces dernières pour les répudier ouvertement. Nous ne pouvons encore aujourd'hui penser sans dégoût à ces bacchanales du mensonge débordant les pages de toute la presse bourgeoise et modérée.

Nos journaux étaient étouffés. Les révolutionnaires de Pétrograd sentaient que la province et l'armée étaient loin d'être pour eux. Dans les quartiers ouvriers il y eut un court instant de désarroi. Dans la garnison commencèrent les mesures répressives contre les régiments dissous et on se mit à désarmer diverses unités, cependant que les chefs du soviet « fabriquaient » un nouveau ministère, en y comprenant les représentants des partis bourgeois censitaires qui, sans être d'aucun appui pour le gouvernement, ne pouvaient que lui enlever la dernière goutte d'initiative révolutionnaire.

Et, au front, les événements ne faisaient que suivre leur cours. L'organisme de l'armée était ébranlé jusqu'aux moelles. Les soldats s'étaient convaincus en fait que la plupart des officiers qui, au début de la Révolution, avaient, dans un but de protection personnelle, arboré la cocarde rouge, étaient hostiles au nouveau régime. Au grand quartier général, on choisissait ouvertement des éléments contre-révolutionnaires. Les publications bolschewistes étaient impitoyablement poursuivies.

L'offensive se transforma bientôt en une retraite tragique. La presse bourgeoise se répandit en furieuses calomnies contre l'armée ; et, tandis qu'à la veille de l'offensive les partis dirigeants nous déclaraient que nous étions une quantité tout à fait négligeable, et que l'armée ne savait rien et ne voulait rien savoir de nous, maintenant que l'ouverture de l'offensive avait abouti à une fin si tragique, ces mêmes individus et ces mêmes partis cherchaient à rejeter sur nous toute la responsabilité de cet échec.

Les prisons étaient bondées d'ouvriers et de soldats révolutionnaires. Les chats-fourrés des anciens tribunaux du tzarisme étaient chargés d'informer sur les événements des 3, 4 et 5 juillet. Et c'est dans ces conditions que les socialistes-révolutionnaires et les Menschewiki avaient invité Lénine, Sinowjew et les autres camarades à se livrer volontairement aux mains de la « Justice ».

VI

APRÈS LES JOURNÉES DE JUILLET

Le moment de désarroi dans les quartiers ouvriers ne dura guère et fit place à une grande effervescence révolutionnaire non seulement au sein du prolétariat, mais aussi dans la garnison de Pétrograd. Les modérés perdirent toute influence ; le flux du Bolschewisme commença à sortir des centres urbains pour se propager sur toute l'étendue du pays et, renversant tous les obstacles, il envahit l'armée.

Le nouveau gouvernement de coalition, avec Kérensky à sa tête, entra ouvertement dans la voie des représailles. Le ministère rétablit la peine de mort pour les soldats. Nos journaux furent étouffés et nos agitateurs emprisonnés, mais cela ne fit que renforcer notre influence. Malgré toutes les entraves qui avaient été apportées aux réélections du soviet de Pétrograd, l'équilibre des forces s'était à ce point déplacé que dans quelques questions importantes nous avions déjà la majorité. Il en était de même au soviet de Moscou.

A cette époque j'étais déjà, avec beaucoup d'autres camarades, dans la prison de Kresty, détenu que j'étais « pour agitation et organisation de la révolte à main armée des 3, 4 et 5 juillet, à l'instigation du gouvernement allemand et à l'effet de concourir à la réalisation des buts de guerre des Hohenzollern ». Le juge d'instruction du régime tzariste Alexandrow, qui n'était pas un inconnu et qui avait à son dossier de nombreux procès contre les révolutionnaires, reçut le mandat de défendre la république contre les Bolschewiki contre-révolutionnaires.

Sous l'ancien régime on distinguait les détenus politiques et les détenus de droit commun ; cette distinction fit place à une terminologie nouvelle : les criminels de droit commun et les Bolschewiki !

La plupart des soldats arrêtés étaient perplexes Jeunes garçons venus de la campagne et qui, naguère, ignoraient tout de la politique, ils croyaient que la Révolution leur avait une fois pour toutes apporté la liberté, et voici que maintenant ils se voyaient avec stupeur derrière des portes verrouillées et des fenêtres grillées. Pendant la promenade ils me demandaient chaque fois avec épouvante qu'est-ce que tout cela voulait dire et comment ça finirait. Je les consolais en leur déclarant que la victoire finale serait pour nous.

VII

LE SOULÈVEMENT DE KORNILOW

C'est fin août qu'eut lieu le soulèvement du général Kornilow. Il apparut comme la conséquence immédiate de la mobilisation des forces contre-révolutionnaires, et l'offensive du 18 juin lui donna une impulsion énergique.

A la conférence si vantée tenue à Moscou vers la mi-août, Kérensky chercha à se placer à égale distance des éléments censitaires et des petits bourgeois démocrates.

Les Bolschewiki étaient considérés comme étant hors de la « légalité ». Aux applaudissements frénétiques de la fraction censitaire de la conférence et dans le silence perfide de la petite bourgeoisie démocrate, Kérensky menaça de les traquer par le fer et le feu.

Mais les cris hystériques et les menaces de Kérensky ne suffisaient point aux meneurs de la cause contre-révolutionnaire. Ils ne voyaient que trop la vague révolutionnaire atteindre toutes les parties du pays, aussi bien dans la classe ouvrière que dans les campagnes et à l'armée ; et ils estimaient qu'il était indispensable de prendre les mesures les plus rigoureuses pour donner une leçon aux masses.

Le général Kornilow s'était chargé de cette tâche fort risquée, de concert avec la bourgeoisie censitaire, qui voyait en lui un héros. Kérensky, Sawinkow, Filonenko et autres socialistes-révolutionnaires « dirigeants » et

« semi-dirigeants » étaient les machinateurs de ce complot ; mais, arrivés à un certain stade des événements, ils lâchèrent tous Kornilow, car ils comprirent que, s'il était victorieux, il les rejetterait par dessus bord.

Nous étions en prison pendant qu'avait lieu l'aventure Kornilow et nous en suivîmes le cours par la lecture des journaux. Le droit de recevoir des journaux était la seule différence qu'il y eût entre les prisons de Kérensky et celles de l'ancien régime. L'aventure du général cosaque échoua. Six mois de Révolution avaient créé dans la conscience des masses et dans leur organisation une base suffisante pour résister à un choc contre-révolutionnaire se produisant à découvert. Les partis modérés du soviet étaient épouvantés par les conséquences éventuelles du coup de main de Kornilow, qui menaçait de balayer non seulement les Bolschewiki, mais encore la Révolution tout entière avec tous les partis dominants.

Les socialistes-révolutionnaires et les Menschewiki se mirent en devoir de donner aux Bolschewiki un caractère de légalité, — mais non sans réticences, et seulement jusqu'à un certain point, par crainte de danger possible pour l'avenir. Les mêmes matelots de Cronstadt, qui après les journées de juillet étaient vilipendés comme pillards et contre-révolutionnaires, furent au moment du péril Kornilow appelés à Pétrograd pour défendre la Révolution. Ils arrivèrent sans dire mot, sans faire de récriminations, sans songer au passé, et ils occupèrent les postes les plus exposés.

J'avais tout lieu de rappeler à Tseretelli les paroles que je lui avais adressées en mai, lorsqu'il prenait les matelots de Cronstadt pour objet de ses excitations : « Un jour qu'un général contre-révolutionnaire essaiera de passer une corde au cou de la Révolution, les Cadets se contenteront de savonner la corde, mais les matelots de Cronstadt, eux, arriveront pour lutter et mourir avec nous. »

C'est précisément dans la lutte contre le soulèvement de Kornilow que les organisations soviétistes, au front comme à l'arrière, manifestèrent partout leur vitalité et leur puissance. De bataille véritable, il n'y en a eu presque nulle part. La masse révolutionnaire balaya complètement la poussée du général. De même qu'en juillet les modérés n'avaient pu trouver dans la garnison de Pétrograd aucun soldat à lancer contre nous, de même maintenant Kornilow ne put rallier sur tout le front un seul soldat contre la Révolution. Son action reposait sur le mensonge, mais notre propagande triompha facilement de ses desseins.

La lecture des journaux me faisait espérer que les événements se dérouleraient avec rapidité, et aboutiraient à la conquête du pouvoir par les soviets. Il était incontestable que la zone d'influence et les forces des Bolschewiki s'étaient développées dans une énorme mesure. Les Bolschewiki avaient mis en garde contre la coalisation et contre l'offensive du 18 juin ; ils avaient prophétisé l'affaire Kornilow ; les masse, populaires pouvaient donc se convaincre par expérience que nous avions raison.

Au moment le plus palpitant du soulèvement Kornilow, lorsque la division du Caucase s'approchait de Pétrograd, les ouvriers furent armés par le soviet de cette ville, tandis que le gouvernement assistait dans l'indolence à la marche des événements. Les régiments que l'on avait autrefois déployés contre nous s'étaient, dans l'ardente atmosphère de Pétrograd, depuis longtemps régénérés, et ils étaient maintenant tout à fait de notre côté.

La mutinerie de Kornilow devait définitivement ouvrir les yeux à l'armée et lui montrer qu'une politique de conciliation avec la contre-révolution bourgeoise était désormais impossible. On pouvait donc s'attendre à ce que la répression du soulèvement de Kornilow ne soit que le préambule de la prise de possession immédiate du pouvoir par les forces révolutionnaires de notre parti.

Mais les événements se développèrent avec beaucoup plus de lenteur.Malgré toute l'intensité de la fièvre révolutionnaire, les masses, après la cruelle leçon des journées de juillet, étaient devenues plus prudentes ; elles avaient renoncé à toute initiative propre et attendaient directement un appel et des impulsions venues d'en haut. Mais « en haut » ce qui régnait aussi dans notre parti, c'était une atmosphère d'attente.

Dans ces conditions, la liquidation de l'aventure Kornilow, en dépit du profond déplacement de forces qui s'était opéré en notre faveur, ne pouvait pas aboutir à des transformations politiques immédiates.

VIII

LA LUTTE AU SEIN DES SOVIETS

C'est à cette époque que la prépondérance de notre parti fut définitivement établie dans le soviet de Pétrograd. Prépondérance qui se manifesta dramatiquement lors de la question de la composition du bureau du soviet.

A l'époque où les socialistes révolutionnaires et les Menschewiki avaient la suprématie dans les soviets, ils s'efforçaient par tous les moyens d'isoler les Bolschewiki. Ils ne laissèrent pas entrer au bureau du soviet de Pétrograd un seul Bolschewik, même quand notre parti constituait déjà au moins un tiers de tout le soviet.

Lorsque le soviet de Pétrograd, grâce à une majorité

flottante, eut adopté la résolution demandant que toute la puissance gouvernementale soit remise entre les mains des soviets, notre groupe réclama la constitution d'un bureau de coalition établi sur la base de la proportionnalité. L'ancien bureau, qui comprenait notamment Tschcheidse, Tseretelli, Kérensky, Skobelew et Tschernow, ne voulut alors rien entendre. Il n'est pas inutile de rappeler ce fait, aujourd'hui que les chefs des partis battus par la Révolution parlent de la nécessité, pour la démocratie, d'un front unique, et nous accusent d'exclusivisme.

Les deux camps mobilisèrent toutes leurs forces et firent appel à toutes leurs réserves. Tseretelli entra en scène avec un discours-programme, où il affirmait que la question de la présidence du soviet était une question politique. Nous comptions avoir pour nous un peu moins de la moitié des voix, et nous étions enclins à voir là un progrès. Or, en fait, nous eûmes, au moment du vote, une majorité de plus de cent voix.

« Pendant six mois, s'écria Tseretelli, nous avons été à la tête du soviet de Pétrograd, et nous l'avons conduit de victoire en victoire ; nous vous souhaitons de rester au moins la moitié de tout ce temps-là au poste que vous allez maintenant occuper. » Le même revirement se produisit au soviet de Moscou.

En province, les soviets passèrent l'un après l'autre au camp des Bolschewiki. L'époque fixée pour la réunion du deuxième Congrès des Soviets de toutes les Russies approchait de plus en plus. Mais la fraction dirigeante du Comité central exécutif mettait tout en œuvre pour ajourner le Congrès à une date indéterminée, afin, par ce moyen-là, de l'évincer complètement. Il était clair qu'un nouveau Congrès des Soviets donnerait la majorité à notre parti, modifierait en conséquence la composition du Comité exécutif et enlèverait aux modérés leurs positions les plus importantes. La question de la réunion du

Congrès de toutes les Russies devint ainsi pour nous une question de tout premier plan.

Par contre, les Menschewiki et les socialistes-révolutionnaires défendaient énergiquement l'idée du « Congrès démocratique ». Ils se servirent de cette entreprise aussi bien contre nous que contre Kérensky.

Le chef du ministère occupait à cette époque une position tout à fait indépendante et irresponsable. Il était arrivé au pouvoir, avec l'aide du soviet de Pétrograd, dans la première période de la Révolution. Il était parvenu au ministère sans l'approbation préalable des soviets, mais son accession au pouvoir fut ratifiée ultérieurement. Après la première conférence des soviets, les ministres socialistes seuls étaient responsables devant le Comité central exécutif. Leurs alliés, les Cadets, n'avaient, eux, de responsabilité qu'envers leur parti.

Pour faire plaisir à la bourgeoisie, le Comité central exécutif avait, après les journées de juillet, déclaré les ministres socialistes non-responsables devant les soviets, sous le prétexte de l'établissement d'une dictature révolutionnaire. Il n'est pas tout à fait inutile de rappeler aussi ce fait, maintenant que les mêmes personnes qui ont institué la dictature d'une fraction politique se répandent en accusations et en malédictions contre la dictature d'une classe sociale.

La conférence de Moscou, dans laquelle les éléments démocratiques et les éléments censitaires, adroitement répartis, se faisaient mutuellement équilibre, s'était donné pour tâche d'affermir l'autorité de Kérensky sur les classes et les partis. Ce but ne fut atteint qu'en apparence. En réalité, la conférence de Moscou avait dévoilé la complète impuissance de Kérensky, car il était presque aussi étranger aux éléments censitaires qu'à la petite bourgeoisie démocrate. Mais, comme les libéraux et les conservateurs applaudissaient à ses sorties contre la démocratie et que les modérés lui faisaient des ovations quand —discrètement—il critiquait les contre-révolutionnaires, il s'imagina qu'il était soutenu par les uns comme par les autres et qu'il disposait d'un pouvoir illimité.

Il menaça du fer et du feu les ouvriers et les soldats révolutionnaires. Sa politique de machinations dans la coulisse et d'accords secrets avec Kornilow alla encore plus loin, et finalement ces tractations le compromirent aux yeux mêmes des modérés : Tseretelli, dans le style évasivement diplomatique caractérisant si bien sa manière, commença à parler de facteurs « personnels » intervenant dans la politique et de la nécessité qu'il y avait à réduire ces facteurs personnels.

Ce devait être là la tâche de la Conférence démocratique, qui devait être composée, d'après des principes tout à fait arbitraires, de représentants des soviets, des conseils diplomatiques, des zemstwos, des corps de métiers et des syndicats ouvriers. Mais la tâche principale était d'assurer à la Conférence une composition suffisamment conservatrice, de faire rentrer une fois pour toutes les soviets dans la masse amorphe de la démocratie et de se prémunir ainsi, grâce à cette base nouvelle d'organisation, contre la vague bolschewiste.

Caractérisons ici en peu de mots la différence existant entre le rôle politique des soviets et celui des organes de l'administration démocratique autonome. Les Philistins nous firent plusieurs fois remarquer que les nouveaux conseils municipaux et les zemstwos, élus au suffrage universel, étaient infiniment plus démocrates que les soviets et pouvaient être regardés avec plus de raison que ceux-ci comme les véritables représentants de la population.

Mais ce critérium démocratique purement formel est, aux époques révolutionnaires, dénué de toute valeur réelle. Ce qui caractérise toute révolution, c'est que la conscience des masses évolue très vite : des couches sociales toujours nouvelles acquièrent de l'expérience, passent au crible leurs opinions de la veille, les rejettent pour en adopter d'autres, écartent les vieux chefs et en prennent de nouveaux, vont de l'avant, et ainsi de suite.

Les organisations démocratiques qui reposent sur le lourd appareil du suffrage universel doivent forcément, aux époques révolutionnaires, retarder sur l'évolution progressive de la conscience politique des masses. Il en va tout différemment des soviets. Ils s'appuient directement sur des groupements organiques, comme l'usine, l'atelier, la commune, le régiment, etc.

Ici, naturellement, il n'y a plus ces garanties juridiques de la validité de l'élection que nous trouvons dans le recrutement des institutions démocratiques que sont le Conseil municipal ou le zemstwo. Mais, en revanche, nous avons ici des garanties infiniment plus sérieuses et plus profondes de l'union immédiate et directe existant entre le député et ses électeurs. Le délégué du Conseil municipal ou du zemstwo s'appuie sur la masse inorganique des électeurs qui, pour un an, lui donne pleins pouvoirs et puis se désagrège. Les électeurs du soviet, au contraire, restent pour toujours unis entre eux par les conditions mêmes de leur travail et de leur existence, et ils ont toujours l'œil sur leur délégué ; à chaque instant ils peuvent l'admonester, lui demander des comptes, le révoquer ou le remplacer par un autre.

Si dans les mois qui ont précédé la Révolution d'Octobre, l'évolution politique générale aboutit à l'effacement de l'influence des partis modérés devant celle des Bolschewiki, il en résulte manifestement que ce processus dut se refléter le plus nettement et plus complètement au sein des soviets, tandis que les Conseils municipaux et les zemstwos, avec tout leur démocratisme de pure forme, exprimaient plutôt la mentalité des

masses populaires d'hier que celle des masses d'aujour-
d'hui.

Ceci nous explique notamment que ce furent précisément les partis qui sentirent se dérober le plus sous leurs
pieds le sol de la classe révolutionnaire qui manifestèrent
une inclination d'autant plus forte pour les Conseils municipaux et les zemstwos. Nous nous trouverons encore
en présence de cette question — mais, cette fois, consi-
dérablement élargie — lorsque nous aurons à parler de
l'Assemblée Constituante.

IX

La Conférence démocratique

La Conférence démocratique, qui fut convoquée vers
la mi-septembre par Tseretelli et ses co-partenaires,
avait un caractère absolument artificiel : c'était une combinaison des soviets et des organes de l'autonomie, dosée
de manière à assurer la prépondérance aux partis modérés. Ephémère produit de la détresse et de la légèreté
d'esprit, cette Conférence finit misérablement.

La bourgeoisie censitaire témoigna à la Conférence
la plus grande hostilité, car elle y voyait une tentative
faite pour l'évincer, elle, bourgeoisie, des positions dont
l'avait rapprochée la Conférence de Moscou. Le prolétariat révolutionnaire, et les masses des paysans et soldats marchant avec lui, condamnèrent de prime abord
la méthode de falsification qui avait présidé à la convocation de la Conférence démocratrique.

L'objet immédiat des modérés était de constituer un

ministère « responsable ». Mais là encore ils échouèrent. Kérensky ne voulut pas entendre parler de responsabilité, et il ne l'admettait pas, car elle n'était pas admise par la bourgeoisie, qui était son point d'appui. Mais l'irresponsabilité par rapport aux organes de la soi-disant démocratie équivalait en fait à la responsabilité devant les Cadets et devant les diplomates de l'Entente. Pour le moment, la bourgeoisie s'en contentait.

C'est sur la question de la coalition que se révéla toute l'inconsistance de la Conférence démocratique : le projet de coalition avec la bourgeoisie n'obtint que quelques voix de plus que la tendance contraire ; la majorité vota *contre* une coalition avec les Cadets. Mais, après la retraite des Cadets, il ne restait plus, dans la bourgeoisie, de « contre-agents » sérieux pour une coalition. Tseretelli l'expliqua longuement à la Conférence. C'eût été pis encore, si la Conférence ne l'avait pas compris.

A l'insu de la Conférence, on ne se fit pas scrupule de négocier avec ces Cadets que la Conférence venait de rejeter ; et l'on décida que les Cadets ne figureraient plus comme Cadets, mais comme... « travailleurs sociaux ! » Pressée de droite et de gauche, la petite bourgeoisie démocrate « avala » tout, et démontra ainsi sa complète insignifiance politique.

Du sein de la Conférence démocratique fut éliminé le soviet, qui devait être complété par des représentants des éléments censitaires ; ce Pré-Parlement devait remplir l'intervalle qui existerait jusqu'à la convocation de la Constituante. Contrairement au plan primitif de Tseretelli, mais en complet accord avec les plans de la bourgeoisie, le nouveau ministère de coalition garda, par rapport au Pré-Parlement, son indépendance officielle.

Tout cela donnait l'impression d'une misérable et impuissante élucubration de chancellerie, équivalant à la complète capitulation de la petite bourgeoisie démocrate devant la libéralisme censitaire, ce libéralisme qui, un mois plus tôt, avait publiquement soutenu l'assaut de Kornilow contre la Révolution.

De la sorte, tout concourait au rétablissement et à la stabilisation de la coalition avec la grande bourgeoisie libérale. Il ne pouvait plus y avoir de doute sur le fait que, absolument indépendante de la composition de la Constituante, l'autorité gouvernementale se trouverait artificiellement dans les mains de la grande bourgeoisie, car les partis du juste milieu, en dépit de la prépondérance que leur assuraient les masses populaires, en revenaient toujours à l'idée de la coalition avec les Cadets ; ils considéraient comme impossible la formation d'un gouvernement où n'entrerait pas la grande bourgeoisie.

Les masses populaires manifestaient au parti Milioukow la plus grande hostilité. Dans toutes les élections, pendant toute la période révolutionnaire, les Cadets échouèrent impitoyablement, et néanmoins les partis — socialistes-révolutionnaires et Menschewiki — qui, lors du scrutin, avaient remporté la victoire sur les Cadets, aussitôt après le vote, assignaient à ces Cadets une place d'honneur dans le gouvernement de coalition. Il est compréhensible que les masses populaires se soient aperçues de plus en plus que les partis du juste milieu ne jouaient, à proprement parler, auprès de la grande bourgeoisie libérale, que le rôle de commis.

X

DIFFICULTÉS AU FRONT ET A L'INTÉRIEUR

Cependant, la situation intérieure devenait toujours plus compliquée et plus difficile. La guerre traînait en longueur : sans but, sans signification et sans perspective d'issue favorable. Ce gouvernement ne faisait rien pour sortir du cercle maudit.

C'est alors que fut formé le plan ridicule d'envoyer à Paris le Menschewik Skobelew, pour agir sur les impérialistes de l'Entente. Mais aucun homme de bon sens n'attribuait à ce plan une portée sérieuse. Kornilow avait cédé Riga aux Allemands pour terroriser l'opinion publique et, sous l'effet de cette impression, raffermir dans l'armée la discipline du knout.

Pétrograd était menacé ; mais les éléments bourgeois envisageaient le péril avec une joie maligne bien visible. L'ancien président de la Douma, M. Rodsjanko, déclarait ouvertement que la prise par les Allemands d'un centre de corruption comme Pétrograd, ne serait pas un grand malheur. Il citait l'exemple de Riga, où, après l'entrée des Allemands, le soviet avait été aboli et où l'ordre avait été rétabli par la main des policiers de l'ancien régime.

« La flotte de la Baltique est perdue ; mais cette flotte est gangrenée par la propagande révolutionnaire ; par conséquent, la perte de la flotte n'est pas tellement à plaindre ! » Ce cynisme de grand seigneur bavard exprimait les secrètes pensées des sphères bourgeoises. La prise de Pétrograd par les Allemands est loin, en effet, de signifier sa perte. Après la paix, on récupérerait Pétrograd, mais purifié par le militarisme allemand. Pendant ce temps, la Révolution aurait perdu sa capitale, et on en viendrait plus facilement à bout.

Le gouvernement de Kérensky ne pensait pas à défendre sérieusement la ville. Au contraire, on préparait l'opinion publique à une capitulation éventuelle. Les institutions gouvernementales étaient déjà évacuées de Pétrograd sur Moscou et sur d'autres villes.

C'est dans cette situation que se réunit la section des

soldats du soviet de Pétrograd. L'état des esprits était tendu et inquiet. « Le gouvernement est-il incapable de défendre Pétrograd ? Alors, qu'on fasse la paix ! Et, s'il ne peut pas faire la paix, qu'il aille au diable ! »

Cette façon de poser la question exprimait l'opinion de la section des soldats. C'était déjà l'aurore de la Révolution d'Octobre.

Au front, la situation empirait chaque jour. Le froid automne approchait, avec ses pluies et ses boues. Un quatrième hiver de guerre était imminent. La nourriture devenait de jour en jour plus mauvaise. L'arrière avait oublié le front ; il n'y avait, pour les régiments, ni relèves, ni renforts, ni les vêtements chauds qu'il aurait fallu. Les désertions se multipliaient de plus en plus.

Les vieux Comités de soldats, qui avaient été élus dans la première période de la Révolution, restaient en fonctions et soutenaient la politique de Kérensky. Aucune réélection n'était autorisée. Entre les Comités et la masse des soldats se creusait un précipice. Les soldats finirent par n'avoir plus que de la haine pour les Comités.

Toujours plus fréquemment venaient à Pétrograd des mandataires des tranchées, et ils posaient toujours dans les séances du soviet de Pétrograd la même insistante question : Que doit-on faire ? Par qui et comment doit se terminer la guerre ? Pourquoi le soviet de Pétrograd se confine-t-il dans le silence ?

XI

La Lutte inévitable pour le Pouvoir

Mais le soviet de Pétrograd ne restait pas silencieux. Il réclamait la remise immédiate aux soviets de tout le pouvoir central et local, et la remise immédiate de la terre aux paysans ; il réclamait le contrôle de la production par les ouvriers et l'engagement immédiat de pourparlers de paix.

Tant que nous fûmes parti d'opposition, notre mot d'ordre était : tout le pouvoir aux soviets, mot d'ordre de propagande. Mais, dès que nous eûmes la majorité dans tous les principaux soviets, ce mot d'ordre nous imposait l'obligation de commencer la lutte directe et immédiate pour le pouvoir.

Dans les campagnes, la situation était extrêmement confuse et compliquée. La Révolution avait promis aux paysans des domaines, mais en même temps les partis dirigeants exigeaient que les paysans ne touchent pas à ces domaines avant la réunion de la Constituante. D'abord, le paysan attendit patiemment ; mais, lorsqu'il commença à perdre patience, le ministère de coalition prit contre lui des mesures de violence.

Cependant l'Assemblée Constituante était sans cesse ajournée. La grande bourgeoisie ne voulait convoquer la Constituante qu'après la conclusion de la paix. Les masses paysannes perdaient de plus en plus patience. Ce que, tout au début de la Révolution, nous avions prédit commença à se réaliser : les paysans s'attribuèrent les terres de leur propre chef. Les représailles de la part du gouvernement furent renforcées ; l'un après l'autre, les Comités révolutionnaires de paysans furent arrêtés. Dans quelques districts, Kérensky avait proclamé l'état de guerre.

Les députations rurales affluaient vers le soviet de Pétrograd. Elles se plaignaient que les paysans fussent arrêtés, lorsque, en accord avec le programme du soviet de Pétrograd, ils transféraient les domaines terriens aux mains des Comités de paysans. Les paysans comptaient sur notre protection. Nous leur répondions que nous ne pourrions les protéger que si nous étions au pouvoir. La conclusion était que, si les soviets ne voulaient pas se transformer en simples parlottes, ils devaient s'emparer de la puissance gouvernementale.

C'est folie, à un mois et demi ou deux de la réunion de la Constituante, que de lutter pour assurer le pouvoir aux soviets, nous disaient nos voisins de droite. Mais nous n'étions nullement contaminés par ce fétichisme de la Constituante. D'autant plus que nous n'avions aucune garantie qu'elle serait réellement convoquée.

La désagrégation de l'armée, les désertions en masse, les malheurs alimentaires, les révoltes agraires, tout cela avait créé une situation peu favorable pour les élections à la Constituante. La cession éventuelle de Pétrograd aux Allemands menaçait, d'ailleurs, de rayer des questions à l'ordre du jour celle des élections. Et puis, même si l'Assemblée Constituante s'était réunie sous l'autorité des vieux partis, d'après les vieilles listes électorales, elle ne serait devenue qu'un masque et un moyen de justification pour le gouvernement de coalition. Ni les socialistes-révolutionnaires, ni les Menschewiki n'étaient en état, sans la grande bourgeoisie, de prendre en mains le pouvoir.

La classe révolutionnaire seule était appelée à briser le cercle fatal dans lequel, pour sa perte, la Révolution restait confinée. Il s'agissait d'arracher le pouvoir aux éléments qui, directement ou indirectement, n'étaient que les serviteurs de la grande bourgeoisie et qui usaient de l'appareil gouvernemental comme d'un moyen d'obstruction contre les exigences révolutionnaires du peuple.

XII

La Campagne pour le Congrès des Soviets

La puissance gouvernementale aux soviets ! s'écriait notre parti. Dans la période précédente, cette parole, traduite dans la langue du parti, signifiait : le pouvoir aux socialistes-révolutionnaires et aux Menschewiki, par opposition à la coalition avec la grande bourgeoisie libérale. Mais, maintenant, en octobre 1917, cette parole signifiait la remise de tout le pouvoir au prolétariat révolutionnaire, à la tête duquel, à cette époque, était le parti des Bolschewiki. Il s'agissait donc de la dictature de la classe ouvrière, laquelle menait, ou, plus exactement, était en mesure de mener derrière elle les millions et les millions d'hommes constituant les masses compactes du prolétariat rural. Voilà toute la signification historique de la Révolution d'Octobre.

Tout aiguillait le parti vers cette voie. Depuis les premiers jours de la Révolution nous prêchions la nécessité et l'inévitabilité de la remise du pouvoir aux soviets. Après de durs combats intérieurs, la plupart des soviets s'étaient approprié cette revendication, et s'étaient rangés à notre point de vue.

Nous nous mîmes à préparer le deuxième Congrès des Soviets de toutes les Russies, où nous escomptions la victoire absolue de notre parti. Le Comité central exécutif dirigé par Dan (Tschcheidse, toujours prudent, était parti au bon moment pour le Caucase), travaillait, par tous les moyens, à empêcher la convocation du Congrès des Soviets. Après beaucoup de peine, nous finîmes par obtenir, en nous appuyant sur la fraction soviétiste de la

Conférence démocratique, la fixation de la réunion du Congrès : ce fut pour le 25 octobre. Cette date revêtit pour l'avenir de la Russie la plus haute importance.

Au préalable nous avions convoqué à Pétrograd le Congrès des Soviets de la région du Nord, y compris la flotte de la mer Baltique et la ville de Moscou. Ce Congrès nous donna une majorité stable ; nous nous assurâmes une certaine « couverture » à droite sous les espèces de la fraction des socialistes-révolutionnaires de gauche, et nous posâmes ainsi méthodiquement la première pierre de cet édifice de reconstruction qui devait être le mouvement révolutionnaire d'Octobre.

XIII

Le Conflit de la Garnison de Pétrograd

Mais déjà, bien plus tôt — avant le Congrès de la région du Nord — s'était produit un événement qui devait avoir dans le développement de la lutte politique un rôle de premier plan. Au début d'octobre parut à la séance du Comité exécutif de Pétrograd le représentant du soviet existant auprès de l'état-major de l'arrondissement militaire de Pétrograd, et il annonça que l'état-major réclamait l'envoi au front des deux tiers de la garnison. Pourquoi ? Pour protéger Pétrograd.

Le départ ne devait pas être immédiat, mais il fallait commencer de suite les préparatifs. L'état-major demandait au soviet de Pétrograd la ratification de ce projet. Nous dressâmes les oreilles. Fin août cinq régiments révolutionnaires avaient été déjà, en totalité ou en partie, éloignés de Pétrograd. Cela avait eu lieu sur la demande de Kornilow, à cette époque chef d'état-major, qui précisément dans ce temps-là armait contre Pétrograd la division du Caucase, pour en finir une bonne fois avec la capitale de la Révolution !

Nous avions déjà ainsi l'expérience de ces déplacements de troupes purement politiques, effectués sous le prétexte d'opérations militaires. Je dirai dès maintenant que, après la Révolution d'Octobre, des documents qu'on a trouvés ont montré clairement que le projet d'éloignement de la garnison de Pétrograd n'avait rien à voir avec des raisons militaires, et qu'il avait été imposé malgré lui au commandant en chef Duchonin, — et cela par nul autre que Kérensky, qui cherchait ainsi à débarrasser la capitale des soldats les plus révolutionnaires, c'est-à-dire de ceux qui lui étaient le plus hostiles.

Mais alors, au début d'octobre, nos suspicions déchaînèrent d'abord une tempête d'indignation patriotique. L'état-major insistait. Kérensky ne voulait pas attendre, le sol brûlait sous ses pieds. Notre réponse ne tarda pas longtemps. La capitale était, décidément, en péril, et devant nous la question de la défense de Pétrograd se dressait avec toute son importance formidable. Mais, après l'affaire Kornilow, après les paroles de Rodsjanko proclamant les bienfaits d'une occupation allemande, qu'est-ce qui, après tout cela, nous garantissait que Pétrograd ne serait pas livré exprès aux Allemands, pour le punir de son esprit révolutionnaire ?

Le Comité exécutif refusa d'accepter en aveugle l'ordre d'éloignement des deux tiers de la garnison. Nous devons d'abord, dîmes-nous, examiner si cet ordre est réellement dicté par des considérations militaires, et pour cela il faut créer un organe d'examen. C'est ainsi que naquit l'idée de créer à côté de la section des soldats du soviet, c'est-à-dire de la représentation politique de la garnison, un organe purement technique sous forme de comité révolutionnaire militaire, organe qui acquit par la suite tant de puissance et qui devint en fait l'instrument de la Révolution d'Octobre.

Il est indéniable que, à ce moment-là, lorsque nous mettions au premier plan l'idée de la création d'un tel organe — organe devant concentrer en lui-même tous les fils de la direction purement militaire de la garnison de Pétrograd — nous avions parfaitement conscience qu'un pareil organe pouvait devenir un instrument révolutionnaire inestimable. C'était l'époque où nous marchions déjà ouvertement vers la Révolution et où nous la préparions systématiquement.

Le 25 octobre, nous l'avons dit, devait se réunir le Congrès des Soviets de toutes les Russies. Il n'était pas douteux que le Congrès serait pour la remise du pouvoir aux soviets. Mais une décision de ce genre devait être réalisée sans délai, sinon ce ne serait plus qu'une démonstration politique dépourvue de toute dignité. La logique des choses voulait que nous déclanchions le mouvement le jour même du 25 octobre. Toute la presse bourgeoise comprenait l'affaire exactement de cette façon.

Mais le sort du Congrès dépendait en première ligne de la garnison de Pétrograd : celle-ci permettrait-elle à Kérensky de cerner le Congrès des Soviets et, à l'aide de quelques centaines ou de quelques milliers d'élèves-officiers, sous-officiers et caporaux, de le disperser ? Déjà la tentative d'éloignement de la garnison ne signifiait-elle pas que le gouvernement voyait que, à la face de tout le pays, nous mobilisions les forces soviétistes pour porter le coup mortel au gouvernement de coalition ?

C'est de cette façon que se déroula à Pétrograd le conflit soulevé par la question de l'éloignement de la garnison. En premier lieu cette question intéressait au plus haut point tous les soldats. Mais les ouvriers, eux aussi, manifestaient à ce conflit le plus vif intérêt, car ils craignaient d'être, après le départ de la garnison, égorgés par les élèves-officiers et les cosaques. Le conflit prit de cette façon un caractère d'acuité exceptionnelle et se développa sur un terrain extrêmement défavorable au gouvernement de Kérensky.

Parallèlement à cela se poursuivait la campagne signalée précédemment pour la convocation du Congrès des Soviets de toutes les Russies ; nous proclamions, au nom du soviet de Pétrograd et du Congrès des Provinces du Nord, que le deuxième Congrès des Soviets devait renverser le gouvernement de Kérensky et devenir le seul maître de la Russie. La Révolution était, réellement, déjà en marche. Elle se déployait publiquement, aux yeux de tout le pays.

Au cours du mois d'octobre, la question de la Révolution joua un grand rôle dans la vie intérieure de notre parti. Lénine, qui se tenait caché en Finlande, réclamait en d'innombrables lettres, et sans répit, l'adoption d'une tactique plus ferme. Le peuple était en effervescence, et le mécontentement allait grandissant de voir que le parti Bolschewik, qui avait la majorité au Congrès de Pétrograd, ne tirait aucune conséquence pratique de ses propres maximes de combat.

Le 10 octobre eut lieu une séance secrète du Comité exécutif de notre parti, en présence de Lénine. L'ordre du jour comportait la question du soulèvement révolutionnaire. A l'unanimité des votants moins deux, fut adoptée la résolution déclarant que l'unique moyen de sauver la Révolution et le pays de la débâcle finale était un mouvement révolutionnaire tendant à faire passer toute la puissance gouvernementale entre les mains des soviets.

XIV

Le Soviet démocratique et le « Pré-Parlement »

Le soviet démocratique, qui était issu de la Conférence démocratique, hérita de toute l'insuffisance de cette dernière. Les anciens partis soviétistes, les socialistes-révolutionnaires et les Menschewiki s'étaient créé dans ce soviet une majorité artificielle, mais avec ce seul résultat de mieux révéler leur impuissance politique.

A l'insu du soviet, Tseretelli engagea des négociations confuses avec Kérensky et les représentants des « éléments censitaires », ainsi qu'on commença à dire dans le soviet, pour éviter le mot « outrageant » de *bourgeoisie*. Le rapport de Tseretelli sur la marche et l'issue des négociations constitua une sorte de discours nécrologique pour toute une période de la Révolution.

Il se trouva que, ni Kérensky, ni les éléments censitaires ne voulurent assumer de responsabilité devant la nouvelle institution à demi-représentative. D'autre part, on ne réussit pas à trouver, en dehors du parti Cadet, de personnalités « capables », en matière de questions sociales. Les organisateurs de l'entreprise furent donc obligés sur ces deux points de capituler, et la capitulation fut d'autant plus significative que la Conférence démocratique avait été précisément convoquée pour mettre fin au régime de l'irresponsabilité, et en même temps, par un vote formel, la Conférence repoussa toute coalition avec les Cadets.

Dans les quelques séances du soviet démocratique qui eurent lieu avant la catastrophe, régnait une atmosphère chargée d'électricité et impropre à tout travail sérieux. Le soviet ne réflétait pas la marche en avant de la Révolution, mais la décadence des partis, qui marquaient le pas derrière la Révolution.

Au cours de la Conférence démocratique, je posais déjà au sein de notre fraction la question de savoir si nous ne devions pas quitter la Conférence en faisant claquer les portes et en boycottant le soviet démocratique. Une action énergique devait montrer aux masses que les modérés avaient acculé la Révolution à une impasse. La lutte pour la création d'un gouvernement soviétiste ne pouvait être menée que par des moyens révolutionnaires.

Il fallait arrracher le pouvoir à ceux qui étaient incapables de rien faire de positif et qui, plus ils allaient, et plus ils devenaient incapables de la moindre activité, même négative. Il fallait opposer notre chemin politique — conduisant à la mobilisation de toutes les forces disponibles autour des soviets, du Congrès des Soviets de toutes les Russies, et finalement à l'action révolutionnaire — au chemin politique des dirigeants, qui aboutissait au Pré-Parlement artificiellement constitué et à l'hypothétique Assemblée Constituante.

Cela ne pouvait se faire que par une franche rupture avec cette institution mise sur pied par Tseretelli et ses co-partenaires, rupture se produisant à la face du pays tout entier ; et, en outre, par la concentration de toute l'énergie et de toutes les forces de la classe ouvrière dans les institutions soviétistes. C'est pour cette raison que je proposai de quitter démonstrativement la salle et de fomenter dans les usines et les régiments une agitation révolutionnaire contre les tentatives faites pour étouffer la volonté révolutionnaire du peuple et pour orienter de nouveau le développement de la Révolution vers la conclusion d'un pacte avec la grande bourgeoisie.

C'est aussi dans ce sens que s'exprimait Lénine, dont quelques jours plus tard, nous reçûmes une lettre. Les chefs du parti, eux, étaient encore irrésolus à cet égard. Les journées de juillet avaient laissé une trace profonde dans la conscience de notre parti. La grande masse des ouvriers et des soldats s'était beaucoup plus vite remise de la débâcle de juillet que nombre de nos camarades de premier plan, qui craignaient, dans un élan prématuré des masses, l'échec de la Révolution.

Dans la fraction de la Conférence démocratique, ma motion obtint 50 voix, contre 70 autres, qui se prononcèrent en faveur de la collaboration avec le soviet démocratique. Mais les résultats de cette collaboration aboutirent bientôt à fortifier l'aile gauche du parti. Il ne fut que trop manifeste que les combinaisons, voisines de la tromperie, tendant à assurer aux éléments censitaires la direction ultérieure de la Révolution, et le concours des modérés, si discrédités dans les basses classes du peuple, ne fourniraient aucun moyen de sortir de l'impasse à laquelle la faiblesse de la petite bourgeoisie démocratique avait acculé la Révolution.

A l'époque où le soviet démocratique, complété par les éléments censitaires, se transforma en Pré-Parlement, notre parti était déjà résolu à rompre avec cette institution.

XV

Les Socialistes révolutionnaires et les Menschewiki

Restait la question de savoir si les socialistes-révolutionnaires de gauche nous suivraient ou non dans cette voie.

Ce groupe était en train de se constituer, mais son allure, mesurée à l'échelle de notre parti, était beaucoup trop lente et trop indécise.

Au début de la Révolution, le parti socialiste révolutionnaire dominait sur tout le terrain de la vie politique. Paysans, soldats, ouvriers même, tout, parmi les masses populaires, votait pour ce parti. Celui-ci ne s'était attendu à rien d'analogue, et plus d'une fois, il semblait qu'il allait être englouti dans les flots de son propre succès.

Après la retraite des groupes des capitalistes purs et des grands propriétaires fonciers, ainsi que des éléments censitaires de la classe cultivée, tout le monde vota pour les « Narodniki » révolutionnaires. Cela répondait bien au stade initial de la Révolution, alors que les frontières des classes n'étaient pas encore nettement tranchées et que le désir de ce qu'on appelait un front révolutionnaire unique trouvait son expression dans le programme confus de ce parti, qui ralliait sous ses ailes, aussi bien l'ouvrier, craignant de s'isoler du milieu paysan, que le paysan, réclamant la terre et la liberté, et que l'intellectuel cherchant à diriger les deux premiers, ainsi que le fonctionnaire, cherchant à s'adapter au nouveau régime.

Lorsque Kérensky, qui, à l'époque du tzarisme, comptait parmi les « Trudowiki », fut, après le succès de la Révolution, passé au rang des socialistes-révolutionnaires, la popularité de ce parti crût au fur et à mesure des succès du gouvernement de Kérensky. Par pur respect (qui n'était pas toujours purement platonique) pour le ministre de la Guerre, beaucoup de généraux et de colonels s'empressèrent de s'inscrire au parti des anciens terroristes. Les vieux socialistes-révolutionnaires, de trempe vraiment révolutionnaire, commencèrent déjà à considérer avec une certaine inquiétude le nombre, toujours croissant, des « socialistes-révolutionnaires de mars », c'est-à-dire de ces membres du parti qui avaient attendu, pour découvrir en eux l'esprit révolutionnaire d'un Narodnik, le mois de mars 1917, c'est-à-dire l'époque où la Révolution avait déjà renversé l'ancien régime et mis à la tête du gouvernement les Narodniki révolutionnaires.

De la sorte, ce parti renfermait dans le cadre de son amorphisme, non seulement les contradictions internes de la Révolution en train de se développer, mais encore les préjugés persistants des masses paysannes, ainsi que la sentimentalité, l'inconstance et les ambitions des classes cultivées. Il était absolument certain que ce parti ne pourrait pas longtemps subsister sous cette forme, et en fait, il manifesta dès le début son impuissance.

Le rôle politique prépondérant appartenait aux Menschewiki. Ceux-ci étaient passés par l'école du Marxisme et y avaient pris certaines méthodes et habitudes leur permettant de s'orienter assez bien dans la situation politique pour fausser le sens de la lutte des classes en voie de réalisation et pour assurer, dans la mesure compatible avec les circonstances actuelles, l'hégémonie à la grande bourgeoisie libérale. C'était aussi la raison pour laquelle les Menschewiki, ces francs défenseurs du droit de la grande bourgeoisie à l'exercice du pouvoir, s'étaient si vite épuisés, et au moment de la Révolution d'octobre, n'étaient pour ainsi dire arrivés à rien du tout.

Les socialistes-révolutionnaires, eux aussi, perdaient de plus en plus leur influence, d'abord parmi les ouvriers, puis dans l'armée et enfin dans les campagnes. Mais, numériquement parlant, ils étaient encore, au moment de la Révolution d'Octobre, un parti très puissant. Toutefois, ce parti était intérieurement rongé par des différences de classes.

Par opposition à l'aile droite, qui dans la personne de ses éléments les plus chauvinistes, comme Awxentjew, Breschko-Breschkowskaja, Sawinkow et autres, était définitivement passée dans le camp de la contre-révolution, il se forma une aile gauche, cherchant à maintenir le contact avec les masses ouvrières. Abstraction faite de ceci que le socialiste-révolutionnaire Awxentjew, en sa qualité de ministre de l'Intérieur, fit arrêter les comités agraires paysans — c'est-à-dire des comités composés de socialistes-révolutionnaires — pour la solution donnée par eux, de leur propre autorité, à la question agraire, on voit assez l'étendue des « contradictions » existant au sein de ce parti.

Au centre, se trouvait le chef traditionnel du parti, M. Tschernow. Ecrivain éprouvé, versé dans la littérature socialiste, ayant une grande expérience des luttes des fractions politiques, il restait immuable à la tête de son parti, à une époque où la vie de ce parti se concentrait dans les milieux émigrés à l'étranger.

La Révolution, dont la première vague avait, sans distinction de personnes, porté les socialistes-révolutionnaires jusqu'à des hauteurs inouïes, comprit aussi Tschernow dans cette élévation purement automatique, mais le résultat fut, semble-t-il, de révéler sa complète détresse même au milieu des politiciens dirigeants de la première période.

Les petits moyens puérils qui assuraient à Tschernow la prépondérance parmi les Narodniki vivant à l'étranger se montrèrent beaucoup trop légers, selon les poids de la balance révolutionnaire. Il se borna à ne point prendre de décisions comportant des responsabilités et, dans tous les cas critiques, à tergiverser, à attendre et à s'abstenir de toute action.

Une tactique de ce genre lui assurait provisoirement une position centrale entre les deux ailes du parti s'écartant toujours davantage l'une de l'autre. Mais, maintenir longtemps l'unité du parti n'était plus possible.

Sawinkow, l'ancien terroriste, participait à la conjuration de Kornilow, vivait dans une touchante intimité avec les milieux contre-révolutionnaires des officiers de Cosaques et préparait un coup de main contre les ouvriers et soldats de Pétrograd, parmi lesquels se trouvaient un assez grand nombre de socialistes-révolutionnaires de gauche.

Sawinkow tomba, victime de l'aile gauche ; le centre l'avait exclu du parti ; mais on n'osait pas lever la main contre Kérensky. Le Pré-Parlement mit en lumière toute la désagrégation du parti : il y avait, en réalité, sous la bannière du même parti, trois groupes indépendants et encore aucun d'entre eux ne savait ce qu'il voulait. Une prépondérance nominale de ce parti à l'Assemblée constituante n'aurait fait qu'accentuer l'engourdissement politique.

XVI

Notre sortie du Pré-Parlement

La Voix du Front

Avant de nous séparer du Pré-Parlement où, selon le calcul de Kérensky et de Tseretelli, nous pouvions disposer d'environ 50 sièges, nous nous réunîmes avec le groupe des socialistes-révolutionnaires de gauche, pour délibérer en commun.

Ils refusèrent de nous suivre, sous prétexte qu'ils devaient d'abord prouver par des faits, aux yeux des paysans, toute l'insignifiance du Pré-Parlement : « Nous jugeons à propos de vous avertir », déclara l'un des chefs des socialistes-révolutionnaires de gauche ; « si vous voulez vous séparer du Pré-Parlement pour descendre aussitôt dans la rue les armes à la main, nous ne marcherons pas avec vous. » La presse bourgeoise et modérée nous accusait de vouloir renverser le Pré-Parlement parce que précisément nous cherchions à créer une situation révolutionnaire.

La réunion de notre fraction au Pré-Parlement décida de ne pas attendre les socialistes-révolutionnaires de gauche, mais d'agir par nous-mêmes. La déclaration de notre parti lancée du haut de la tribune du Pré-Parlement et expliquant pourquoi nous rompions avec cette institution fut accueillie par les groupes de la majorité avec des rugissements de haine impuissante.

Au Congrès des députés de Pétrograd, où notre sortie du Pré-Parlement fut approuvée par une majorité écrasante, le chef du petit groupe des Menschewiki « internationalistes », Martow, nous déclara que notre sortie du « Soviet de la République » (c'était le nom officiel de cette institution provisoire et jouissant de peu de prestige) n'aurait de sens que si nous avions l'intention d'engager immédiatement la lutte à main armée. Or, c'était là précisément notre intention. Les avocats de la grande bourgeoisie libérale avaient raison lorsqu'ils nous accusaient de chercher à créer une situation révolutionnaire. La révolte déclarée et la prise directe du pouvoir étaient, à nos yeux, la seule issue possible.

De nouveau, comme dans les journées de juillet, on mobilisa contre nous la presse et les autres organes de la soi-disant opinion publique. On alla chercher dans les arsenaux de juillet les armes les plus empoisonnées, qui, après l'affaire Kornilow, y avaient été provisoirement déposées. Ce fut en vain.

Les masses populaires venaient sans cesse vers nous, l'effervescence augmentait d'heure en heure. Des tranchées arrivaient toujours des délégués : « Combien de temps, s'écriaient-ils dans les séances du soviet de Pétrograd, cette situation intolérable va-t-elle encore durer ? Les soldats vous disent par notre bouche : si d'ici au 1er novembre aucun pas décisif n'est entrepris dans la voie des négociations de paix, les tranchées se videront d'elles-mêmes, et toute l'armée se précipitera sur l'intérieur du pays ! ».

Une telle résolution se propagea, en fait, sur une vaste échelle, le long du front. Parmi les soldats circulaient des feuilles volantes, composées par eux-mêmes, dans lesquelles ils étaient invités à ne pas rester dans les tranchées plus longtemps que d'ici aux premières neiges. « Vous nous avez oubliés », criaient les députés des tranchées aux séances du soviet. « Si vous ne trouvez pas le moyen de sortir de la situation, nous viendrons ici nous-mêmes, et nous disperserons nos ennemis à coups de crosse de fusil, — mais vous aussi, vous en goûterez. »

Au bout de quelques semaines, le soviet de Pétrograd était devenu le point de ralliement de toute l'armée.

Après les transformations qui s'étaient produites dans ses tendances directrices et après l'élection d'un nouveau bureau, ses résolutions faisaient naître parmi les troupes épuisées et désespérées du front l'espérance que la seule solution possible était celle que proposaient les Bolschewiki. A savoir : publication des traités secrets et offre d'un armistice sur tous les fronts. « Vous prétendez que le pouvoir doit passer dans les mains du soviet, — saisissez donc ce pouvoir. Vous avez peur que le front ne vous laisse en panne ? Laissez-là ce souci, — la grande masse des soldats, avec une majorité formidable, est de votre côté. »

Cependant le conflit soulevé par la question du départ de la garnison de Pétrograd devenait toujours plus aigu. Presque quotidiennement avait lieu une conférence des comités des compagnies, régiments et états-majors de toute la garnison. L'influence de notre parti sur la garnison fut consolidée d'une manière définitive et absolue. Le

commandement général de l'arrondissement militaire
de Pétrograd se trouvait dans un état d'extrême ner-
vosité. Tantôt il essayait de nouer avec nous des relations
régulières, et tantôt — excité par les meneurs du Comité central exécutif — il nous menaçait de représailles.

XVII

LES COMMISSAIRES
DU COMITÉ MILITAIRE RÉVOLUTIONNAIRE.

Il a déjà été question du Comité militaire révolutionnaire existant au soviet de Pétrograd, et qui était *de
facto* l'état-major soviétiste de la garnison de Pétrograd,
par opposition à l'état-major de Kérensky.

« Mais l'existence de deux états-majors est inad-
missible », nous signifièrent doctrinairement les représentants des partis de conciliation. A quoi nous répliquions :
« Est-elle admissible, cette situation dans laquelle la
garnison n'a plus confiance dans l'état-major officiel et
craint que l'éloignement des soldats de Pétrograd ne soit
dicté par une nouvelle entreprise contre-révolutionnaire ? »

« La création d'un deuxième état-major signifie une
révolte », nous répondait-on du côté de la droite. « Votre
Comité militaire révolutionnaire s'occupera beaucoup
moins de contrôler les plans d'opération et les mesures de
l'autorité militaire que de préparer et d'exécuter un mouvement insurrectionnel contre le gouvernement actuel. »

Cette objection était parfaitement justifiée. Mais c'est
précisément pour cela qu'elle n'effrayait personne. La
grande majorité du soviet était consciente de la nécessité

d'un renversement du gouvernement de coalition. Plus les Menschewiki et les socialistes-révolutionnaires démontraient que le Comité militaire révolutionnaire se transformait véritablement en un organe de révolte, et plus le soviet de Pétrograd mettait d'empressement à soutenir ce nouvel organe de combat.

Le premier acte du Comité militaire révolutionnaire fut de nommer des commissions dans toutes les parties de la garnison de Pétrograd et auprès de toutes les institutions importantes de la capitale et des environs.

De tous les côtés on nous informait que le Gouvernement ou, pour être plus exact, que les partis gouvernementaux organisaient et armaient énergiquement leurs forces. Dans tous les dépôts d'armes — publics et particuliers — on prenait des fusils, des revolvers, des mitrailleuses et des cartouches, qui servaient à armer les élèves-officiers, les étudiants et la jeunesse bourgeoise en général.

Il fallait donc prendre sans retard des mesures préventives. Dans tous les dépôts d'armes et dans tous les magasins des commissaires furent institués. Presque sans résistance ils devinrent les maîtres de la situation. Il est vrai que les commandants et les propriétaires des dépôts d'armes prétendirent ne pas reconnaître nos commissaires, mais il suffisait alors de s'adresser au comité des soldats ou au comité des employés de l'établissement, quel qu'il fût, et la résistance était aussitôt brisée. Désormais il ne fut plus délivré d'armes que par ordre de nos commissaires.

Les régiments de la garnison de Pétrograd avaient déjà eu autrefois leurs commissaires, mais ceux-ci étaient désignés par le Comité central exécutif. J'ai déjà dit que, après le Congrès de juin des Soviets et surtout après la démonstration du 18 juin, qui avait mis en lumière la puissance toujours croissante des Bolschewiki, le parti de la conciliation avait enlevé au soviet de Pétrograd presque complètement toute espèce d'influence sur la marche des événements dans la capitale de la Révolution. La direction de la garnison de Pétrograd se concentrait dans les mains du Comité central exécutif.

Il fallait donc imposer partout l'autorité des commissaires du soviet de Pétrograd. Cela fut fait grâce à l'énergique collaboration des masses des soldats. A l'issue des meetings dans lesquels intervenaient des orateurs des divers partis, on voyait les régiments déclarer l'un après l'autre qu'ils ne connaissaient plus que les commissaires du soviet de Pétrograd et que sans leurs instructions ils de bougeraient pas.

Dans l'établissement de ces commissaires l'organisation militaire des Bolschewiki joua un grand rôle. Avant les journées de juillet, cette organisation avait réalisé un énorme travail d'agitation. Le 5 juillet le bataillon monté sur automobiles, que Kérensky avait fait venir à Pétrograd, démolit la villa de la Kschessinskaja où se trouvait l'organisation militaire de notre parti. La plupart des chefs de notre organisation militaire et beaucoup de ses membres furent arrêtés, les publications furent supprimées et l'imprimerie détruite.

Ce n'est que peu à peu que cette organisation put reconstituer son matériel, mais cette fois tout se fit dans l'ombre. Numériquement parlant, elle ne comprenait qu'une infime partie de la garnison de Pétrograd, — en tout, une centaine d'hommes. Mais il y avait là beaucoup de têtes résolues appartenant au corps des automobilistes, des soldats absolument dévoués à la Révolution et de jeunes officiers ; c'étaient pour la plupart des sous-officiers qui en juillet et en août avaient fait connaissance avec les prisons de Kérensky. Tous se mirent à la disposition du Comité des Soldats révolutionnaires ; ils furent placés aux postes les plus difficiles et les plus périlleux.

Il n'est certainement pas inutile de faire remarquer que notamment les membres de l'organisation militaire de notre parti accueillirent l'idée d'une révolution immédiate pour octobre avec une extrême réserve et même avec un certain scepticisme. Le caractère spécial de l'organisation et sa qualité d'institution militaire officielle portaient ses chefs à s'exagérer le rôle des moyens purement techniques et matériels nécessaires à la réussite de la Révolution, — et à ce point de vue nous étions décidément les plus faibles. Mais notre force consistait dans l'élan révolutionnaire des masses et dans leur empressement à combatre sous nos drapeaux.

XVIII

LE FLOT QUI MONTE

A côté de ce travail d'organisation il y avait une violente campagne d'agitation. Ce fut une période de meetings continuels dans les usines, au Cirque Moderne et au Cirque Ciniselli, dans les clubs et dans les casernes. L'atmosphère de tous ces meetings était saturée d'électricité. Toute allusion à la Révolution prochaine était accueillie par un tonnerre d'applaudissements et de cris d'enthousiasme.

La presse bourgeoise contribua beaucoup à accentuer l'impression d'inquiétude générale. L'ordre signé par moi donné à la fabrique de munitions de Sestrorjetzk de remettre à la garde rouge 5.000 fusils déchaîna dans les milieux bourgeois une panique indescriptible. Partout, dans les paroles et dans les écrits, il n'était question que d'un massacre général qui se préparait. Cela n'empêcha naturellement pas la fabrique d'armes de Sestrorjetzk de livrer des armes aux gardes rouges. Plus la presse bourgeoise aboyait contre nous et nous calomniait, et plus ardente était la réponse faite par les masses à notre appel.

On se rendait de plus en plus compte dans les deux camps que la crise devait fatalement se dénouer dans le courant des jours qui allaient suivre. La presse socialiste-révolutionnaire et menschewiste jetait le cri d'alarme : « La Révolution est dans le plus grand péril ! » — « Il se prépare une répétition des Journées de juillet, — mais sur une base plus large et, par suite aussi, avec des conséquences beaucoup plus dangereuses ! ».....

Gorki prophétisait chaque jour dans sa « Nowaja Schisn » la ruine imminente de toute la civilisation. La couleur socialiste s'effaçait avec une rapidité inconcevable de dans les esprits de la bourgeoisie intellectuelle, au fur et à mesure que s'approchait le régime sévère de la dictature des travailleurs.

En revanche les soldats des régiments même les plus arriérés saluaient avec enthousiasme les commissaires du Comité militaire révolutionnaire. Jusqu'aux contingents cosaques et jusqu'à la minorité socialiste des élèves-officiers qui nous envoyaient des délégués. Dans le cas d'une lutte à main armée ils nous faisaient espérer pour le moins la neutralité de leurs contingents. Le gouvernement de Kérensky ne tenait plus que par un fil.

L'état-major de l'arrondissement militaire entra en pourparlers avec nous, nous proposant un compromis. Pour mesurer la force de résistance de l'ennemi, nous acceptâmes les négociations. Mais l'état-major était nerveux : tantôt il calait doux et tantôt il menaçait et prétendait même ne pas reconnaître nos commissaires, ce qui, du reste, n'avait pas la moindre influence sur leur manière d'agir.

D'accord avec l'état-major le Comité central exécutif nomma haut-commissaire pour la circonscription militaire de Pétrograd le capitaine d'état-major Malewski et déclara magnanimement qu'il était disposé à reconnaître nos commissaires, — à la condition qu'ils se soumettraient à ce haut-commissaire. Nous repoussâmes cette proposition et les pourparlers furent rompus.

Des Menschewiki et des socialistes-révolutionnaires notables vinrent à nous en médiateurs, cherchant à nous apaiser ou nous couvrant de menaces, et nous prédisant notre ruine et la ruine finale de la Révolution.

XIX

La Journée du Soviet de Pétrograd.

L'Institut Smolni se trouvait déjà à cette époque dans les mains du soviet de Pétrograd et de notre parti. Les Menschewiki et les socialistes-révolutionnaires de droite transportèrent le centre de leur activité politique au Palais Marie, où le Pré-Parlement à peine né était déjà à l'agonie.

Kérensky prononça au Pré-Parlement un grand discours dans lequel il cherchait à cacher son impuissance sous les vifs applaudissements des partis bourgeois et derrière un braillement de menaces.

L'état-major fit encore une suprême tentative de résistance. Il envoya à tous les éléments de la garnison une invitation à nommer deux délégués par corps de troupes, afin d'examiner la question de l'éloignement des soldats de la capitale. La délibération était fixée au 22 octobre, à une heure de l'après-midi.

Les régiments nous avertirent aussitôt de cette invitation. Nous convoquâmes par téléphone le conseil de la garnison pour 11 heures du matin. Toutefois une partie des délégués se rendirent à l'état-major, mais à seule fin de déclarer qu'ils ne feraient rien sans les instructions du soviet de Pétrograd.

Le conseil de la garnison manifesta presque unanimement sa fidélité au Comité militaire révolutionnaire. Des objections ne furent faites que par les représentants officiels des partis de l'ancien soviet, mais elles ne trouvèrent chez les délégués des régiments aucun écho. Les efforts de l'état-major n'avaient servi qu'à nous montrer d'autant plus clairement que nous marchions sur un terrain solide. Parmi nos plus chauds partisans était le régiment de Wolynie, celui-là même qui, dans la nuit du 4 juillet, avait, musique en tête, quitté le Palais de Tauride pour aller garrotter les Bolschewiki.

Nous avons déjà dit que le Comité central exécutif détenait la caisse et les publications du soviet de Pétrograd. Sa tentative de se rendre maître ne fût-ce que d'une seule de ces publications n'avait conduit à rien. Depuis la fin de septembre nous avions entrepris une série de démarches pour procurer au soviet de Pétrograd un journal indépendant. Mais toutes les imprimeries étaient occupées, et leurs propriétaires, soutenus par le Comité central exécutif, nous boycottaient.

Aussi décidâmes-nous d'organiser la « Journée du Soviet de Pétrograd », afin de déployer une agitation grandiose et de recueillir les fonds nécessaires pour créer un journal. Cette journée avait été fixée deux semaines plus tôt au 22 octobre ; elle coïncida ainsi avec la date même de la lutte ouverte.

La presse adverse affirmait avec certitude que le 22 octobre aurait lieu dans les rues de Pétrograd une entreprise des Bolschewiki à main armée. Que cette entreprise ait lieu, nul n'en doutait. On ne s'efforçait plus que d'en deviner la date, et l'on se répandait en conjectures et en prophéties, essayant par ce moyen de nous arracher un démenti ou une confirmation.

Mais le soviet procédait avec calme et sang-froid, sans prêter l'oreille aux vociférations de « l'opinion publique » et de la grande bourgeoisie. Le 22 octobre fut le jour de parade de l'armée prolétarienne. Tout s'y passa excellemment. Malgré tous les avertissements venus de droite et prétendant que le sang coulerait à flot dans les rues, les masses populaires accoururent en foule aux meetings du soviet de Pétrograd.

Toutes les forces oratoires avaient été mises en action. Tous les établissements publics étaient bondés. Les réunions durèrent plusieurs heures sans interruption. Comme orateurs il y avait des membres de notre parti, des délégués du Congrès des Soviets, des représentants du front, des socialistes-révolutionnaires de gauche et des anarchistes Tous les édifices publics étaient inondés par les vagues d'ouvriers, de soldats et de matelots. Des réunions pareilles, même pendant la Révolution, avaient rarement eu lieu à Pétrograd.

Une partie importante de la petite bourgeoisie se mit elle aussi en mouvement, excitée plutôt qu'effrayée par les cris, les avertissements et les aboiements de la presse bourgeoise. Des dizaines de milliers d'hommes envahissaient l'édifice de la maison du peuple, tourbillonnaient dans les couloirs et s'entassaient dans les salles archicombles. Autour des piliers de fer s'accrochaient, comme d'énormes pampres, des guirlandes de têtes humaines, de mains et de pieds. L'atmosphère était remplie de cette tension électrique qui distingue tous les moments critiques de la Révolution : «A bas le gouvernement de Kérensky !»

— « A bas la guerre ! » — « Tout le pouvoir pour les Soviets ! »

Devant ces immenses multitudes, nul, parmi les partis de l'ancien soviet, n'osait hasarder une seule parole de contradiction. Le soviet de Pétrograd dominait absolument tout. A vrai dire, l'action révolutionnaire était déjà déclanchée. Il ne restait plus qu'à donner à ce fantôme de gouvernement, par la main de l'armée, le coup de grâce.

XX

La conquête des troupes hésitantes

Les plus prudents d'entre nous-mêmes se dirent qu'il y avait encore des corps de troupe qui n'étaient pas pour nous, tels les cosaques, le régiment de cavalerie, le régiment de Semenow, les automobilistes. Nous dépêchâmes vers ces troupes des commissaires et des agitateurs. Leurs comptes rendus étaient tout à fait satisfaisants : l'atmosphère chauffée au rouge communiquait sa température à tous et à chacun, et même les éléments les plus conservateurs de l'armée n'avaient plus le moyen de résister à la tendance générale de la garnison de Pétrograd.

J'assistai à une réunion en plein air du régiment de Semenow, qui passait pour le meilleur appui du gouvernement de Kérensky. Il y avait là les orateurs les plus en vue de la droite. Ils se cramponnaient à ce régiment de la Garde, à ce régiment conservateur, comme à la dernière bouée de sauvetage du Gouvernement de coalition. Effort inutile. Avec une majorité écrasante, le régiment

se prononça pour nous et coupa franchement la parole
à ces anciens ministres.

Les groupes qui luttaient encore contre les mots d'ordre du soviet consistaient surtout en officiers, engagés
volontaires, intellectuels et semi-intellectuels de la bourgeoisie. Les masses ouvrières et paysannes étaient entièrement nôtres. La démarcation entre les deux camps
était établie d'après une ligne de condition sociale nettement déterminée.

La base militaire centrale de Pétrograd est la forteresse
Pierre et Paul. Nous avions mis là comme commandant
un jeune sous-lieutenant. Il se trouva qu'il fut à la hauteur de sa tâche et qu'au bout de quelques heures, il
domina la situation. Les chefs officiels de la forteresse
s'écartèrent et attendirent. Nous considérions maintenant comme élément sûr le bataillon des automobilistes qui, en juillet, avait mis à sac l'organisation militaire de notre parti se trouvant dans le palais de la Kschessinskaja et qui avait occupé cet édifice.

Le 23 octobre, vers 2 heures de l'après-midi, je me
rendis à la forteresse. Les orateurs de la droite se montrèrent extrêmement prudents et réservés ; ils éludèrent
obstinément toute question relative à la personne de
Kérensky, tandis que le nom de Kérensky provoquait,
même parmi les soldats, d'inévitables cris de protestation
et d'indignation. C'est nous qu'on écouta et qu'on
suivit.

Vers 4 heures, les automobilistes tinrent dans le voisi-
nage, au Cirque Moderne, une réunion de leur bataillon.
Comme orateur, il y eut notamment le quartier-maître
général Paradjelow. Il parla avec une extrême prudence.
Le temps était loin où les orateurs officiels et officieux
ne parlaient du parti ouvrier que comme d'une bande de
traîtres et de vendus au Kaiser allemand.

Le chef intérimaire de l'état-major de l'armée vint

à moi et me dit : « Allons, je vous en prie, il faut que nous trouvions un moyen d'entente... » Mais il était déjà trop tard. Après la discussion, le bataillon se déclara, à l'unanimité moins 30 voix, pour la remise du pouvoir aux soviets.

XXI

Le commencement de la Révolution

Le gouvernement de Kérensky ne savait plus où donner de la tête. Du front on appela deux nouveaux bataillons d'automobilistes et la batterie contre avions ; on essaya aussi de faire venir les corps de cavalerie... Chemin faisant, les automobilistes envoyèrent au soviet de Pétrograd un télégramme ainsi conçu : « On nous dirige sur Pétrograd, nous ne savons pas pourquoi, prière de nous renseigner. »

Nous leur répondîmes de s'arrêter et d'envoyer une délégation à Pétrograd. Les délégués arrivèrent et nous déclarèrent dans les séances du soviet que le bataillon était tout entier pour nous. Cela déchaîna un ouragan d'enthousiasme. Le bataillon fut invité à venir aussitôt dans la capitale.

Le nombre des délégués du front augmentait chaque jour. Ils venaient nous voir, nous demandaient des renseignements sur la situation, se faisaient donner par nous des documents de propagande et retournaient au front, pour y répandre la nouvelle que le soviet de Pétrograd luttait pour un gouvernement constitué par les ouvriers, les soldats et les paysans.

« Les tranchées vous soutiendront », nous disaient-ils.

Les vieux Comités des armées, qui pendant les quatre ou cinq derniers mois n'avaient subi aucune réélection, nous envoyaient des dépêches pleines de menaces mais qui n'effrayaient personne : nous savions que ces Comités étaient pour le moins aussi étrangers aux masses des soldats que le Comité central exécutif l'était aux soviets locaux.

Le Comité Militaire Révolutionnaire plaça des commissaires dans toutes les gares. Ceux-ci suveillaient avec soin l'arrivée et le départ des trains et, en particulier, les mouvements de troupes. Des communications permanentes, par téléphone et par automobile, furent établies avec les villes voisines et avec leurs garnisons. Tous les soviets des environs de Pétrograd furent invités à tenir strictement la main à ce que n'entre dans la capitale aucune troupe contre-révolutionnaire, ou, pour être plus exact, aucune troupe trompée par le gouvernement.

Le personnel subalterne des gares et les ouvriers reconnurent aussitôt nos commissaires. Au Central téléphonique il se produisit le 24 octobre des difficultés : nous n'obtenions plus la communication. Le Central avait été occupé par des élèves-officiers, sous la protection de qui les dames téléphonistes faisaient de l'opposition au soviet. C'était le premier indice du commencement du sabotage. Le Comité militaire révolutionnaire envoya à la station téléphonique un détachement de soldats et plaça à l'entrée deux petits canons. Ainsi commença la prise de possession des organes gouvernementaux. Les matelots et les gardes rouges occupèrent, avec de petits contingents, le télégraphe, la poste et d'autres services publics. Des mesures furent prises pour s'emparer de la Banque d'État.

Le centre du gouvernement, l'Institut Smolni, fut transformé en forteresse. Dans les combles de l'édifice il y avait encore, héritage de l'ancien Comité central exécutif, quelques douzaines de mitrailleuses ; mais elles étaient en mauvais état et il n'y avait pas, pour s'en servir, de personnel exercé. Nous dépêchâmes en renfort à l'Institut Smolni un détachement de mitrailleuses. Au petit jour, les soldats faisaient rouler déjà, avec un grondement de tonnerre, leurs mitrailleuses sur les dalles de pierre des longs couloirs à demi-obscurs de l'Institut Smolni. Aux portes regardaient, d'un visage surpris ou effrayé, les quelques socialistes-révolutionnaires ou Menschewiki restés encore à l'Institut.

Le soviet se réunissait tous les jours à l'Institut Smolni, tout comme la Conférence de la garnison.

Au troisième étage de l'Institut, dans une petite pièce d'angle, siégeait en permanence le Comité militaire révolutionnaire. C'est là que convergeaient toutes les nouvelles, sur le déplacement des troupes, sur la mentalité actuelle des soldats et des ouvriers, sur l'agitation dans les casernes, sur les excès des fauteurs de pogroms, sur les agissements des politiciens bourgeois, les menées du Palais d'Hiver et les projets des anciens partis soviétistes. De tous côtés affluaient les informateurs. C'étaient des ouvriers, des officiers, des concierges, des élèves-officiers à tendances socialistes, des servantes et des dames. Beaucoup d'entre eux ne disaient que des sottises, mais d'autres apportaient de sérieuses et précieuses informations. Le moment décisif approchait. Il était évident qu'il n'y avait plus à reculer.

Le 24 octobre au soir, Kérensky vint au Pré-Parlement, et demanda l'autorisation de prendre des mesures répressives contre les Bolschewiki. Mais le Pré-Parlement se trouvait dans un état de lamentable incohérence et de désagrégation complète. Les Cadets persuadèrent aux socialistes-révolutionnaires de droite de voter une motion de confiance ; les socialistes-révolutionnaires de droite exercèrent une pression sur le Centre ; le Centre était indécis ; l'aile « gauche » faisait une politique d'opposition parlementaire. Après de nombreuses délibérations et discussions et après beaucoup d'oscillations, la résolution de l'aile gauche fut adoptée, condamnant le mouvement séditieux du soviet ; mais la responsabilité de ce mouvement fut rejetée sur la politique anti-démocratique du gouvernement.

Le courrier nous apportait des douzaines de lettres nous parlant d'arrêts de mort prononcés contre nous, de machines infernales, d'un attentat à la dynamite menaçant l'Institut Smolni, etc. La presse bourgeoise vomissait furieusement des imprécations de rage et de terreur. Gorki, qui semblait avoir complètement oublié son « Chant du Faucon », continuait dans la « Nowaja Schisn » à prophétiser l'imminente fin du monde.

Les membres du Comité militaire révolutionnaire n'avaient pas quitté l'Institut Smolni durant toute la semaine dernière ; ils dormaient sur les divans et ne prenaient qu'un peu de sommeil, réveillés sans cesse par les courriers, les porteurs de nouvelles, les cyclistes, les télégraphistes et les appels téléphoniques.

La nuit la plus agitée de toutes fut celle du 24 au 25. On nous avisa téléphoniquement de Pawlowsk que le gouvernement faisait appel à l'artillerie qui se trouvait là ; de même à Péterhof, pour l'école des sous-officiers. Au Palais d'Hiver se réunissaient, autour de Kérensky, des élèves-officiers, des officiers, et les troupes de choc du « régiment des femmes ». Nous donnâmes par téléphone l'ordre de placer sur toutes les routes conduisant à Pétrograd des postes militaires sûrs et d'envoyer des agitateurs au-devant des troupes appelées par le gouvernement. Si les paroles seules ne suffisaient pas, on devait se servir des armes. Toutes les communications étaient faites téléphoniquement, en langage clair, et elles étaient donc parfaitement susceptibles d'être saisies par les agents du gouvernement.

Les commissaires nous informèrent téléphoniquement que sur toutes les voies d'accès à Pétrograd nos amis veillaient. Cependant, une partie des élèves-officiers d'Oranienbaum réussit à passer, et nous suivîmes au téléphone leurs mouvements ultérieurs. La garde extérieure de l'Institut Smolni fut renforcée par l'envoi d'une compagnie de plus.

La liaison avec toutes les parties de la garnison était permanente. Les compagnies de garde de tous les régiments restaient sur pied. Nuit et jour, les délégués étaient à la disposition du Comité militaire révolutionnaire. L'ordre fut donné de réprimer énergiquement l'agitation des « Cent Noirs » et, à la première tentative de désordre dans la rue, de faire usage de ses armes et d'être sans pitié.

Au cours de cette nuit décisive tous les points principaux de la ville tombèrent entre nos mains, — presque sans résistance, sans combat, sans verser de sang. La Banque d'Etat était gardée par les troupes gouvernementales et par une auto blindée. Nos troupes cernèrent l'immeuble de toutes parts et s'emparèrent de l'auto blindée, de sorte que la Banque d'Etat tomba sans coup férir entre les mains du Comité militaire révolutionnaire.

Il y avait sur la Néva, près de la Fabrique Franco-Russe, le croiseur *Aurore*, qui se trouvait en réparation. Son équipage se composait exclusivement de matelots absolument dévoués à la Révolution. Lorsque Kornilow, à la fin du mois d'août, menaçait Pétrograd, les matelots de l'*Aurore* furent appelés par le gouvernement pour défendre le Palais d'Hiver. Et, bien que déjà à cette époque, ils fussent tout à fait hostiles au gouvernement de Kérensky, ils comprirent que leur devoir était de faire face à l'assaut contre-révolutionnaire, et ils allèrent, sans faire d'objection, occuper leur poste de combat. Le danger passé, ils furent tenus à l'écart.

Maintenant, au moment de la levée révolutionnaire

d'Octobre, ils étaient trop dangereux. C'est pourquoi le ministère de la marine donna au croiseur *Aurore* l'ordre d'appareiller et de sortir des eaux de Pétrograd. L'équipage nous en avisa aussitôt. Nous annulâmes cet ordre, et le croiseur resta où il était, prêt à chaque instant à mettre toutes ses forces au service du gouvernement des Soviets.

XXII

La Journée décisive.

A l'aube du 25 octobre vinrent à l'Institut Smolni un ouvrier et une ouvrière de l'imprimerie de notre Parti, apportant la nouvelle que le gouvernement avait interdit la parution de l'organe central du Parti, ainsi que celle du nouveau journal du soviet de Pétrograd. Des agents du gouvernement avaient mis les scellés sur l'imprimerie. Le Comité militaire révolutionnaire rapporta aussitôt cette mesure, prit les deux organes sous sa protection, et confia « au glorieux régiment de Wolynie le grand honneur de défendre la libre parole socialiste contre les attentats contre-révolutionnaires. » L'imprimerie travailla ensuite sans interruption, et les deux journaux parurent à l'heure fixée.

Le gouvernement siégeait toujours au Palais d'Hiver, mais ce n'était plus que l'ombre d'un gouvernement. Politiquement, il n'existait plus. Dans la journée du 25 Octobre le Palais d'Hiver fut, peu à peu, entièrement cerné par nos troupes. A une heure de l'après-midi j'annonçai, à la séance du soviet de Pétrograd et au nom du Comité militaire révolutionnaire, que le gouvernement de Kérensky n'existait plus et que, en attendant la décision du Congrès des Soviets de toutes les Russies, la puissance gouvernementale passait aux mains du Comité militaire révolutionnaire.

Quelques jours auparavant Lénine avait déjà quitté la Finlande, et il se tenait caché dans les maisons ouvrières des faubourgs. Le 25 au soir, il vint secrètement à l'Institut Smolni. D'après ce qu'il avait lu dans les journaux, il croyait qu'il allait y avoir un compromis provisoire entre nous et le gouvernement de Kérensky. La presse bourgeoise avait tellement fait de bruit avec les prodromes du mouvement révolutionnaire — déploiement de troupes armées dans les rues de la capitale, émeutes, et effusion de sang inévitable — que maintenant, alors que la Révolution s'accomplissait vraiment, elle ne s'en apercevait pas, et prenait pour argent comptant les pourparlers qui avaient lieu entre l'état-major et nous. Pendant ce temps, méthodiquement, sans tumulte dans les rues, sans qu'il y ait ni coups de fusil ni effusion de sang, les colonnes, solides et bien disciplinées, des soldats, des matelots et des gardes rouges s'emparaient l'un après l'autre de tous les organes du pouvoir, — et cela conformément aux ordre précis, communiqués par téléphone, qui partaient de la petite chambre du troisième étage de l'Institut Smolni.

Le soir eut lieu une séance provisoire du Second Congrès des Soviets de toutes les Russies. Dan fit un rapport au nom du Comité central exécutif. Il prononça un discours d'accusation contre les émeutiers, les « expropriateurs » et les fauteurs de rebellion, et il tâcha d'effrayer le Congrès en représentant comme inéluctable l'échec du mouvement révolutionnaire qui, disait-il, serait étouffé dans quelques jours par les troupes du front. Son discours manqua de persuasion, et il était déplacé dans une assemblée où l'énorme majorité des délégués suivait avec une joie intense la marche victorieuse de la Révolution de Pétrograd.

Le Palais d'Hiver était alors déjà cerné, mais il n'était pas encore pris. De temps en temps partaient de ses fenêtres quelques coups de feu tirés sur les assiégeants, qui lentement et avec prudence resserraient toujours davantage leur cercle autour de lui. De la forteresse Pierre et Paul deux ou trois coups de canon furent tirés sur le Palais. Leur grondement lointain pénétra jusqu'au sein de l'Institut Smolni. Dans une rage impuissante Martow, à la tribune du Congrès, parla de guerre civile, et, tout particulièrement, du siège du Palais d'Hiver, où parmi les ministres il y avait — ô abomination ! — des membres du parti menschewiste.

La réplique lui fut donnée par deux matelots, qui étaient venus directement du champ de bataille pour présenter un rapport. Ils rappelèrent l'offensive du 18 juin, toute la politique de trahison de l'ancien gouvernement, le rétablissement de la peine de mort pour les soldats, les arrestations et les mesures oppressives contre les organisations révolutionnaires et ils jurèrent de vaincre ou de mourir. Ces matelots nous apportaient aussi la nouvelle de nos premières pertes subies sur la place qui s'étend devant le Palais d'Hiver.

Comme sur un invisible signal, tout le monde se leva de son siège et, avec une unanimité qui n'est produite que par une haute tension morale, l'assemblée entonna le chant des morts. Qui a vécu ce moment-là ne l'oubliera jamais...

La séance fut interrompue. Il était impossible de continuer la discussion théorique relative à l'élaboration du gouvernement, alors que dans le tumulte du combat et et de la fusillade entourant le Palais d'Hiver se décidait par les faits le sort de ce gouvernement.

Cependant la prise du Palais traînait en longueur,

et il en résulta un fléchissement parmi les éléments indécis du Congrès. Les orateurs de l'aile droite nous prédisaient une catastrophe prochaine. Tous attendaient avec anxiété les nouvelles de ce qui se passait sur la Place du Palais d'Hiver. Au bout de quelques temps arriva Antonow, qui dirigeait les opérations. Il se fit dans le salle un silence complet : le Palais d'Hiver était pris, Kérensky s'était enfui, et les autres ministres étaient arrêtés et conduits à la forteresse Pierre et Paul.

Le premier chapitre de la Révolution d'Octobre était ainsi achevé !

Les socialistes-révolutionnaires de droite et les Menschewiki, au nombre d'environ une soixantaine, c'est-à-dire à peu près le dixième du Congrès, quittèrent la salle en protestant. Comme ils ne pouvaient rien faire d'autre, ils « rejetèrent toute la responsabilité » de tout ce qui allait se passer sur les Bolschewiki et sur les socialistes-révolutionnaires de gauche.

Ces derniers hésitaient encore. Leur passé les rattachait au parti de Tschernow. L'aile droite de ce parti s'était complètement livrée à la classe moyenne et à la petite bourgeoisie, aux intellectuels de la petite bourgeoisie et aux villageois aisés, et, dans toutes les questions importantes, elle s'alliait contre nous avec la grande bourgeoisie libérale.

Les éléments les plus révolutionnaires de ce parti, dans lesquels se reflétait encore tout le radicalisme des revendications sociales des masses paysannes les plus pauvres, étaient orientés vers le prolétariat et vers le parti du prolétariat. Néanmoins, ils avaient peur de couper les liens qui les rattachaient à leur ancien parti. Aussi, lorsque nous quittâmes le Pré-Parlement, ils refusèrent de nous suivre et nous mirent en garde contre les « aventures ». Mais, maintenant, la Révolution les plaçait devant la nécessité de choisir : pour les Soviets ou contre les Soviets.

Non sans hésitation, ils se rangèrent du côté de la barricade où nous nous trouvions nous-mêmes.

XXIII

Constitution du Soviet des Commissaires du Peuple

A Pétrograd, la victoire était complète. Le pouvoir appartenait tout entier au Comité militaire révolutionnaire. Nous rendîmes nos premiers décrets sur l'abolition de la peine de mort, sur les réélections des comités des armées, etc. Mais voilà que nous nous trouvâmes dans l'impossibilité de communiquer avec la province. Les employés supérieurs des chemins de fer, des postes et des télégraphes étaient contre nous. Les comités des armées, les conseils municipaux et les Zemstwos bombardaient continuellement l'Institut Smolni de menaçantes dépêches, où ils nous déclaraient franchement la guerre, en promettant, nous, rebelles, de nous mettre à la raison à bref délai !

Nos télégrammes, décrets et déclarations n'atteignaient pas la province, car l'Agence télégraphique de Pétrograd nous refusait ses services. Dans cette atmosphère d'isolement où se trouvait la capitale par rapport à tout le reste du pays, des bruits inquiétants et extraordinaires naissaient et se propageaient avec facilité.

Lorsque la presse bourgeoise et la presse modérée purent se convaincre que le soviet détenait réellement le pouvoir, que le gouvernement précédent était arrêté, et que les ouvriers en armes étaient maîtres des rues de Pétrograd, elles déclanchèrent contre nous une campagne d'une frénésie vraiment inouïe; il n'y avait pas de mensonge ni de calomnie que cette presse-là n'ait mobilisé contre le Comité Militaire Révolutionnaire, contre ses chefs et ses commissaires.

Dans la journée du 26 octobre eut lieu la séance du Soviet de Pétrograd, à laquelle prirent part les délégués du Congrès Panrusse, les membres de la Conférence de la garnison, et un nombreux public d'adhérents. C'est là, que pour la première fois depuis près de quatre mois Lénine et Sinowjew firent leur réapparition ; ils furent accueillis par de bruyantes ovations. La joie de la victoire était cependant troublée par l'appréhension de l'accueil que le pays ferait à ce nouvel état de choses et par le souci où l'on était de savoir si les Soviets conserveraient réellement la puissance gouvernementale...

Le soir eut lieu une séance du Congrès des Soviets. Lénine présenta deux projets de décrets : l'un sur la paix et l'autre sur le partage des terres. Ces deux décrets furent adoptés à l'unanimité après une courte discussion. Dans cette même séance fut constitué un nouveau gouvernement central sous forme de Soviet des Commissaires du Peuple.

Le Comité Central de notre parti tenta de réaliser l'union avec les socialistes-révolutionnaires de gauche. On leur offrit de prendre part à la constitution du gouvernement des Soviets. Ils hésitaient et prétendaient que le gouvernement devait avoir le caractère d'une coalition dans le cadre des partis soviétistes. Mais les Menschewiki et les socialistes-révolutionnaires de droite avaient rompu toute relation avec le Congrès des Soviets, car ils étaient partisans résolus d'une coalition avec les partis anti-soviétistes.

Il ne nous restait plus qu'à laisser aux socialistes-révolutionnaires de gauche le soin de ramener leurs voisins de droite dans le camp de la Révolution ; mais, tant qu'ils s'occuperaient de cette cause sans espoir, nous nous tenions pour obligés de reporter sur notre parti, sans partage aucun, toute la responsabilité gouvernementale.

La liste des commissaires du peuple était uniquement composée de Bolschewiki. Il y avait là, décidément, un certain danger politique : la transition était trop radicale, — qu'on se rappelle seulement que les chefs de ce parti, la veille encore, étaient sous le coup d'une inculpation relevant du paragraphe 108 du Code criminel, c'est-à-dire la haute trahison. Mais il n'y avait pas d'autre choix possible.

Les autres partis soviétistes hésitaient et déclinaient toute responsabilité ; ils préférèrent se tenir sur l'expectative. Finalement nous ne doutâmes plus que notre parti fût seul capable de créer un gouvernement révolutionnaire.

XXIV

Les premiers jours du nouveau régime

Les décrets, homologués par le Congrès, relatifs à la défense nationale et à la paix, furent imprimés à des quantités considérables d'exemplaires, qui furent distribués dans tout le pays par les délégations venues des campagnes, ainsi que par les agitateurs que nous envoyions dans les provinces et dans les tranchées. En même temps les ouvriers procédaient à l'organisation et à l'armement de la garde rouge. Celle-ci, conjointement avec la vieille garnison et avec les matelots, assumait la lourde tâche du service de surveillance.

Le Soviet des Commissaires du peuple s'emparait successivement de tous les organes gouvernementaux, mais il se heurtait partout à la résistance passive des hauts et moyens fonctionnaires. Les partis de l'ancien Soviet faisaient tous leurs efforts pour trouver un appui dans ces milieux-là et pour organiser le sabotage du nouveau gouvernement. Nos ennemis étaient convaincus qu'il s'agissait au fond d'un simple épisode et que le lendemain, le surlendemain ou, au pis aller, dans huit jours, le gouvernement des Soviets serait renversé...

Cependant, l'Institut Smolni voyait arriver, pour la première fois, les consuls étrangers et les membres des ambassades, qui étaient poussés autant par la curiosité que par les affaires urgentes de leurs charges. Les journalistes accouraient avec leurs carnets de notes et leurs appareils photographiques. Tous étaient pressés de voir le nouveau gouvernement, car tous étaient persuadés que, dans quelques jours, il serait déjà trop tard.

En ville régnait un ordre parfait. Les matelots, soldats et gardes rouges se comportèrent dans ces premiers jours du nouveau régime avec une discipline irréprochable et ils furent d'excellents soutiens de ce rude régime de l'ordre révolutionnaire.

Chez nos ennemis naquit la crainte que cet « épisode » ne puisse à la fin durer trop longtemps ; en même temps on préparait en toute hâte l'organisation de la première attaque contre le nouveau gouvernement. L'initiative de ce mouvement appartenait aux socialistes révolutionnaires et aux Menschewiki. Dans la période précédente ils n'avaient ni voulu ni osé prendre en mains tout le pouvoir. Conformément à leur situation de parti politique provisoire, ils se contentaient, dans le cadre du gouvernement de coalition, de jouer le rôle d'auxiliaires, de critiques, d'initiateurs et de défenseurs de la bourgeoisie. A chaque élection, ils vomissaient consciencieusement leurs malédictions sur la tête de la grande bourgeoisie, mais c'était pour, aussitôt après, s'allier avec elle, non moins consciencieusement, au sein du gouvernement.

Cette politique, au bout de six mois de période révolutionnaire, les conduisit finalement si loin qu'ils avaient perdu pour toujours la confiance des masses populaires et de l'armée ; la Révolution d'Octobre leur arrachait aussi maintenant, tout d'un coup, la disposition de l'appareil gouvernemental. Hier encore, ils se croyaient les maîtres de la situation ; les chefs bolschewiki, persécutés par eux, étaient hors la loi et se cachaient, tout comme au temps du tzarisme. Et aujourd'hui les Bolschewiki détenaient la puissance gouvernementale, tandis que les ministres d'hier — c'est-à-dire les modérés et leurs collaborateurs — étaient tenus à l'écart et avaient subitement perdu toute influence sur le cours ultérieur des événements.

Les socialistes-révolutionnaires et les Menschewiki ne voulaient ni ne pouvaient croire que ce brusque bouleversement signifiât le commencement d'une ère nouvelle. Ils voulaient croire et se contraignaient à croire qu'il y avait là un accident, un malentendu, qui pourrait être dissipé par quelques discours énergiques et par des articles doctrinaires. Mais, avec chaque heure qui s'écoulait, les obstacles qu'ils rencontraient devenaient toujours plus difficiles à surmonter. De là vient la haine aveugle et vraiment insensée qu'ils ont pour nous.

Les politiciens bourgeois, naturellement, ne se risquaient pas eux-mêmes dans la fournaise. Ils poussèrent devant eux les socialistes-révolutionnaires et les Menschewiki, qui, à lutter contre nous, acquirent l'énergie qui leur avait manqué lorsqu'ils constituaient un parti semi-gouvernemental. Leurs journaux répandaient toujours des bruits et des calomnies extraordinaires. Des proclamations dues à leur initiative contenaient des invitations directes à renverser le nouveau gouvernement. Ils entretenaient une agitation parmi les fonctionnaires en vue d'organiser le sabotage, et parmi les élèves-officiers, en vue de préparer, par les armes, des coups de main.

Le 27 et le 28 octobre, nous étions assaillis toujours par d'incessantes menaces télégraphiques, provenant des comités des armées, des conseils municipaux, des Zemstwos, et des organisations de Wikschel (l'institution dirigeante de la Fédération des cheminots). La Perspective Newsky, la principale artère fréquentée par la bourgeoisie de la capitale, devenait toujours plus animée. La jeunesse bourgeoise sortait de son état d'engourdissement et déployait — excitée par la presse — sur la Perspective Newsky, une agitation toujours plus grande contre le gouvernement des Soviets.

Aidés par les bourgeois, les élèves-officiers désarmaient les gardes rouges isolés. Dans les rues écartées on tirait tout bonnement des coups de fusil sur les gardes rouges et les matelots. Un groupe d'élèves-officiers s'empara du central téléphonique. Des tentatives furent également faites pour occuper le télégraphe et la poste. Enfin on nous informa que trois autos blindées étaient tombées entre les mains d'une organisation militaire ennemie.

Les éléments bourgeois relevaient manifestement la tête. Les journaux annonçaient que notre dernière heure était venue. Nous avions intercepté quelques ordres secrets, d'où il résultait qu'il avait été créé contre le soviet de Pétrograd une organisation de combat, dont l'âme était le soi-disant « Comité pour la défense de la Révolution », comité qui avait été constitué par le conseil municipal et par le Comité central exécutif tel qu'il était autrefois. Ici comme là dominaient les socialistes-révolutionnaires de droite et les Menschewiki. Ce comité était soutenu par des élèves-officiers, des étudiants et beaucoup d'officiers contre-révolutionnaires qui, derrière le dos des modérés, cherchaient à porter aux soviets le coup mortel.

XXV

LA RÉVOLTE DES ÉLÈVES-OFFICIERS AU 29 OCTOBRE

La contre-révolution avait comme points d'appui les écoles d'élèves-officiers et le « château des ingénieurs », édifices où était concentrée une assez grande quantité d'armes et de munitions, et d'où partaient les attaques contre le gouvernement révolutionnaire.

Des troupes de gardes rouges et de matelots investirent les écoles d'élèves-officiers, y envoyèrent des parlementaires et demandèrent la remise des armes. Des coups de feu furent la réponse. Les assiégeants restaient là, ne sachant que faire ; autour d'eux, la foule se rassemblait et, çà et là, des passants étaient atteints par quelque balle égarée partie des fenêtres. La lutte prenait un caractère d'incertitude et d'hésitation, qui menaçait d'ébranler le moral des troupes révolutionnaires.

Il fallait prendre les mesures les plus radicales. La mission de désarmer les élèves-officiers fut confiée au commandant de la forteresse Pierre et Paul, le lieutenant B. Il cerna les écoles, fit venir des autos blindées et de l'artillerie et adressa aux élèves-officiers l'ultimatum suivant : se rendre dans un délai de dix minutes. La réponse, ce fut de nouveaux coups de feu partis des fenêtres.

Les dix minutes écoulées, le lieutenant fit ouvrir le feu de l'artillerie. Les premiers coups de feu pratiquèrent une brèche dans les murs de l'école. Les élèves-officiers se rendirent, bien qu'un grand nombre d'entre eux cherchassent à se sauver par la fuite et qu'en fuyant ils tirassent encore. C'est ainsi que naquit la fureur dont toute guerre civile s'accompagne. A coup sûr, les matelots commirent des cruautés sur la personne de quelques élèves-officiers. La presse bourgeoise accusa ensuite les matelots et le gouvernement des Soviets d'inhumanité et de bestialité.

Mais elle se gardait bien de dire que le coup d'Etat des 25 et 26 octobre s'était accompli presque sans un coup de feu ni une victime, et que, seul, le complot contre-révolutionnaire organisé par la bourgeoisie et qui en précipitant la jeune génération dans le feu de la guerre civile contre les ouvriers, les soldats et les matelots, devait aboutir à des cruautés et des pertes inévitables.

Le 29 octobre provoqua dans l'esprit de la population de Pétrograd un revirement brusque. Les événements avaient pris une tournure tragique. Et en même temps, nos ennemis avaient compris que la chose était beaucoup plus sérieuse qu'ils ne croyaient et que le Soviet ne songeait pas du tout à abandonner le pouvoir conquis par lui, sur la simple injonction des journaux capitalistes et des élèves-officiers.

L'épuration de Pétrograd des foyers d'agitation contre-révolutionnaire se fit avec une grande intensité. Les élèves-officiers furent presque tous désarmés, et ceux qui avaient participé au complot furent arrêtés et conduits à la forteresse Pierre et Paul ou transportés à Cronstadt. Les journaux qui appelaient ouvertement à la révolte contre le gouvernement des Soviets furent interdits. Des mandats d'arrêt furent lancés contre quelques chefs des partis de l'ancien soviet, dont les noms figuraient dans les instructions contre-révolutionnaires interceptées par nous. La résistance militaire de la capitale était définitivement brisée.

Puis, ce fut une lutte pénible et épuisante contre les grèves de fonctionnaires, de techniciens divers, d'employés, etc. Ces gens-là, qui, d'après la rétribution de leur travail, rentrent pour la plupart dans la catégorie des exploités, se rattachent, par leurs conditions de vie et par leur psychologie, à la société bourgeoise. Ils avaient été des serviteurs convaincus et fidèles de l'Etat, à l'époque où cet Etat était soumis au tzarisme. Et ils continuèrent de servir cet Etat lorsque le pouvoir fut passé entre les mains de la bourgeoisie impérialiste.

Dans la période suivante de la Révolution, avec leurs connaissances et leurs capacités techniques, ils se rangèrent systématiquement du côté du gouvernement de coalition. Mais, lorsque les ouvriers, soldats et paysans eurent, en se soulevant, chassé du gouvernail de l'Etat les classes sociales qui les exploitaient, et lorsqu'ils tentèrent de prendre en main la direction des affaires publiques, les fonctionnaires et les employés montrèrent les dents et refusèrent tout service au nouveau gouvernement.

Plus on allait, et plus s'étendait ce sabotage des affaires publiques, dont les principaux organisateurs étaient les socialistes-révolutionnaires et les Menschewiki, et qui était entretenu par les ressources financières des banques et des ambassadeurs de l'Entente.

XXVI

Kérensky marche sur Pétrograd

Plus le gouvernement des Soviets se consolidait à Pétrograd, et plus les éléments bourgeois reportaient

leur espoir sur un appui militaire venu de l'extérieur.
L'agence télégraphique de Pétrograd, le télégraphe des
chemins de fer et la station radiotélégraphique de Tzarskoje-Selo apportaient de tous côtés des nouvelles disant
que des forces militaires considérables marchaient sur
Pétrograd pour y écraser les rebelles et y rétablir l'ordre.

Kérensky avait trouvé au front un refuge et les journaux bourgeois écrivaient qu'il conduisait contre les
Bolschewiki d'innombrables troupes tirées du front. Nous
étions coupés d'avec l'ensemble du pays ; le télégraphe
nous refusait ses services. Mais les soldats qui, par douzaines et par centaines, venaient nous trouver au nom
de leurs régiments, de leurs divisions et de leurs corps
d'armée, nous répétaient sans cesse : « N'ayez pas peur du
front ; il est tout à fait pour vous ; donnez-nous un ordre
et nous vous envoyons, s'il le faut aujourd'hui même,
une division ou un corps d'armée, pour nous défendre. »

C'était dans l'armée comme partout ailleurs : les
couches inférieures étaient pour nous, et les hautes
sphères contre nous. Mais ces dernières avaient dans leurs
mains tout l'appareil de la technique militaire.

Les diverses parties de l'armée, qui comptait des millions et des millions d'hommes, étaient isolées entre elles.
Nous, je le répète, nous étions coupés d'avec l'armée et
d'avec tout le pays. Malgré cela, le message du Gouvernement des Soviets de Pétrograd, ainsi que ses décrets, se
répandaient sans cesse dans tout le pays, et ils invitaient
les soviets locaux à se soulever contre l'ancien gouvernement.

Les nouvelles disant que Kérensky à la tête de forces
militaires marchait contre Pétrograd s'accentuèrent
bientôt et prirent un caractère plus précis. Nous apprîmes
de Tzarskoje-Selo que des détachements de Cosaques
venant de Louga étaient arrivés dans cette localité. A
Pétrograd fut répandue une proclamation signée de Ké-

rensky et du général Krasnow et invitant la garnison à se rallier aux troupes du gouvernement, qui allaient entrer dans Pétrograd incessamment. Le soulèvement des élèves-officiers au 29 octobre se trouvait en corrélation indéniable avec l'entreprise de Kérensky, mais il avait été découvert trop tôt grâce à notre action énergique.

L'ordre fut donné à la garnison de Tzarskoje-Selo d'inviter les contingents de Cosaques qui arrivaient à reconnaître le gouvernement des Soviets et — en cas de refus de leur part — à les désarmer. Mais la garnison de Tzarskoje-Selo était complètement incapable de lutter. Elle n'avait ni artillerie, ni chefs : les officiers étaient hostiles au gouvernement des Soviets. Les Cosaques s'emparèrent de la station radio-télégraphique de Tzarskoje-Selo, la plus importante du pays, et allèrent de l'avant. Les garnisons de Péterhof, de Tzarskoje-Selo et de Gatschina ne montrèrent ni initiative ni résolution.

Après la victoire de Pétrograd, remportée presque sans effusion de sang, les soldats se berçaient de l'illusion qu'il en serait toujours ainsi : on n'avait qu'à envoyer vers les Cosaques un agitateur, qui leur expliquerait le sens de la « Révolution des Travailleurs », et ils déposeraient les armes ! L'insurrection contre-révolutionnaire de Pétrograd avait été réduite à néant par des discours et par des fraternisations. C'est par l'agitation et l'occupation systématique des institutions gouvernementales que — sans aucun combat — le gouvernement de Kérensky avait été renversé. Les chefs des soviets de Tzarskoje-Selo, de Krasnoje-Selo et de Gatschina appliquaient maintenant encore les mêmes méthodes avec les Cosaques du général Krasnow. Mais ici ce fut un échec.

Bien que manquant de résolution et d'enthousiasme, les Cosaques avançaient toujours. Quelques colonnes s'approchèrent de Gatschina et de Krasnoje Selo, engagèrent la lutte avec les quelques troupes de ces garnisons, et dans certains cas les désarmèrent. Nous n'avions d'abord aucune idée de l'importance des effectifs de Kérensky. Les uns disaient que le général Krasnow avait avec lui 10.000 hommes ; les autres prétendaient qu'il n'en avait que 1.000 ; enfin, les journaux qui nous étaient hostiles annonçaient en lettres grosses comme le doigt que devant Tzarskoje-Selo, il y avait deux corps d'armée.

Dans la garnison de Pétrograd régnait également une atmosphère d'incertitude : on venait à peine de remporter une victoire facile, et il fallait déjà marcher contre un nouvel ennemi dont on ignorait la force, pour hasarder un combat dont on ignorait l'issue. Dans les conférences de la garnison, on parlait surtout de la nécessité d'envoyer toujours et sans cesse de nouveaux agitateurs vers les Cosaques, et de lancer des proclamations : il semblait aux soldats radicalement impossible que les Cosaques se refusent à adopter le point de vue que la garnison de Pétrograd, elle, avait adopté au moment de la lutte. Cependant l'avant-garde des Cosaques était déjà parvenue aux abords de Pétrograd, et nous nous attendions à voir la lutte principale se dérouler dans les rues de la ville.

Les gardes rouges manifestèrent la plus grande énergie. Ils ne demandaient que des armes, du matériel et des chefs. L'appareil militaire dont nous disposions était dans un état extrêmement mauvais, et cela par suite de négligence en même temps que par suite de mauvaises intentions. Les officiers se retiraient, et beaucoup prenaient la fuite ; les fusils étaient dans un endroit, les cartouches dans un autre. Pour l'artillerie, c'était pis encore. Canons, affûts, munitions, tout cela était dispersé, et il fallait d'abord, en tâtonnant, rassembler le tout. Les régiments n'avaient ni outillage de sapeurs, ni téléphone de campagne. L'état-major révolutionnaire qui cherchait à tout réorganiser par voie d'instructions hiérarchiquement communiquées, se heurta à des obstacles insurmontables, se présentant surtout sous forme de sabotage de la part du personnel technique militaire.

Nous décidâmes alors de nous adresser directement aux classes ouvrières. Nous leur expliquâmes que les conquêtes de la Révolution étaient dans un grand péril, et que d'eux seuls, de leur énergie, de leur initiative et de leur esprit de sacrifice, dépendaient maintenant le salut et la consolidation du régime caractérisé par le gouvernement des ouvriers et des paysans.

Cet appel fut presque aussitôt couronné par un succès pratique considérable. Des milliers d'ouvriers marchèrent au-devant de l'armée de Kérensky, et commencèrent à édifier des tranchées. Les ouvriers des fabriques de canons remirent eux-mêmes en état des pièces d'artillerie, allèrent chercher eux-mêmes dans les dépôts les munitions, réquisitionnèrent les chevaux, attelèrent les canons, les mirent en position, organisèrent l'intendance, se procurèrent de l'essence, des moteurs et des automobiles, réquisitionnèrent des vivres et fourrages, mirent sur pied le train sanitaire — bref, ils créèrent tout cet appareil de combat que nous nous étions si stérilement efforcés de créer par les seules « instructions » de l'état-major révolutionnaire.

Dès que, sur les positions de combat, apparurent des douzaines de canons, le moral de nos soldats devint aussitôt tout différent ; sous la protection de l'artillerie, ils étaient prêts à affronter l'attaque des Cosaques. Aux premières lignes étaient les matelots et les gardes rouges. Un grand nombre d'officiers, qui ne partageaient pas nos idées politiques, mais qui étaient loyalement attachés à leurs régiments, accompagnèrent leurs soldats sur le champ de bataille et dirigèrent les actions contre les Cosaques de Krasnow.

XXVII

Echec de l'aventure Kérensky

Cependant, le télégraphe annonçait dans tout le pays et à l'étranger que l'« aventure » bolschewiste était liquidée, que Kérensky était entré dans Pétrograd et que, d'une main de fer, il y avait rétabli l'ordre. En même temps, à Pétrograd même, la presse bourgeoise — encouragée par l'approche des troupes de Kérensky — parlait de « complète démoralisation régnant au sein de la garnison de Pétrograd, et de l'avance incessante des Cosaques, pourvus d'une puissante artillerie », et elle prédisait à l'Institut Smolni une fin prochaine. Mais, ce qui nous embarrassait le plus, c'était, je le répète, le défaut d'organisation technique exercée, ainsi que le manque de personnalités capables de diriger les opérations militaires. Même ces officiers qui accompagnaient consciencieusement leurs soldats sur les positions, refusaient tous le poste de commandant en chef.

Après de longues recherches, nous nous décidâmes pour la combinaison suivante. La conférence de la garnison choisit une commission de cinq membres, et c'est à cette commission que fut confié le contrôle suprême de toutes les opérations contre les troupes contre-révolutionnaires qui marchaient sur Pétrograd. Cette commission s'adjoignit ensuite le colonel d'état-major Murawjow qui, sous le régime Kérensky, faisait partie de l'opposition et qui, maintenant, de sa propre initiative, offrit ses services au gouvernement des Soviets.

Par une nuit glacée, celle du 30 octobre, nous nous ren-

dîmes en automobile avec Murawjow sur les positions.
Tout le long de la route passaient des convois de ravitaillement, de fourrage, de matériel de guerre et d'artillerie.
Tout cela était conduit par les ouvriers de diverses
usines. Plusieurs fois des postes de gardes rouges arrê-
tèrent notre automobile et vérifièrent le laissez-passer.
Depuis les premiers jours de la Révolution d'Octobre,
toutes les automobiles de Pétrograd avaient été réqui-
sitionnées, et aucune voiture ne devait circuler dans les
rues ou dans les environs de la ville sans une autorisation
de l'Institut Smolni. La vigilance des gardes rouges était
au-dessus de tout éloge. Ils estaient pendant des heures,
debout, autour de petits feux de bois, le fusil à la main, et
le spectacle de ces jeunes ouvriers en armes auprès de
leurs petits feux de bois, au milieu de la neige, était la
meilleure image symbolique de la Révolution prolétarienne.

Sur les positions de combat il y avait beaucoup de
canons, et les munitions ne manquaient pas non plus.
Le choc décisif eut lieu le jour même entre Krasnoje-Selo
et Tzarskoje-Selo. Après un violent combat d'artillerie,
les Cosaques qui, tant qu'ils n'avaient pas rencontré d'obstacles, avaient poussé de l'avant, s'enfuirent précipi-
tamment.

Ils avaient été constamment trompés par les récits
qu'on leur faisait des cruautés et brutalités des Bolschewiki qui, à ce qu'on leur disait, voulaient livrer
la Russie au Kaiser allemand. On leur avait fait croire
que presque toute la garnison de Pétrograd les attendait
impatiemment comme ses libérateurs. La première résistance sérieuse qu'ils trouvèrent devant eux mit leurs rangs
dans un effroyable désordre et condamna à l'effondrement toute l'entreprise de Kérensky.

La retraite des Cosaques du général Krasnow nous
permit de nous emparer de la radio-station de Tzarskoje-

Selo. Nous lançâmes aussitôt un radiotélégramme annonçant notre victoire sur les troupes de Kérensky (1).

Nos amis de l'étranger nous apprirent plus tard que, conformément à des ordres supérieurs, la station allemande de télégraphie sans fil n'avait pas pris ce télégramme.

C'est ainsi que se manifesta la première réaction du gouvernement allemand à l'égard des événements d'octobre, et cela dans la crainte que ces événements pussent provoquer dans l'Allemagne même une fermentation.

---

(1) Nous donnons ici le texte de ce radiotélégramme :

« *Village de Pulkowo. Quartier général, 2 h. 10 du matin.*

La nuit du 30 au 31 octobre appartiendra à l'histoire. La tentative de Kérensky pour amener contre la capitale des troupes contre-révolutionnaires a subi un échec complet. Kérensky bat en retraite, nous le poursuivons. Les soldats, matelots et ouvriers de Pétrograd ont montré qu'ils ont la force et la volonté de consolider, les armes à la main, l'énergie et la puissance de la démocratie ouvrière. La bourgeoisie cherchait à isoler l'armée de la Révolution. Kerensky cherchait à la faire écraser par les Cosaques. Ceci, comme cela, a fait misérablement fiasco.

La grande idée de la dictature de la démocratie ouvrière et paysanne a maintenu la fermeté dans les rangs de l'armée et fortifié son énergie. Tout le pays sera désormais forcément convaincu que le Gouvernement des Soviets n'est pas un phénomène passager, mais qu'il exprime l'immortelle réalité de la domination des ouvriers, des soldats et des paysans. La défaite de Kérensky signifie la défaite des grands propriétaires terriens, de la bourgeoisie et des partisans de Kornilow. La lutte contre Kérensky signifie la confirmation du droit du peuple à une vie pacifique et libre, à la terre, au pain et à la puissance.

Les troupes de Pulkowo ont scellé par leur vaillance au combat la cause de la Révolution ouvrière et paysanne. Le retour au passé n'est plus possible. Nous aurons encore à lutter, à surmonter des obstacles, à faire des sacrifices. Mais la route est ouverte et la victoire assurée.

La Russie révolutionnaire et le Gouvernement des Soviets ont le droit d'être fiers de leurs troupes de Pulkowo, qui étaient commandées par le colonel Walden. Un souvenir éternel à nos morts Gloire et honneur aux combattants de la Révolution, aux soldats et aux officiers fidèles à la cause du peuple ! Vive le gouvernement populaire socialiste révolutionnaire de Russie !

Au nom du soviet des commissaires du peuple,

L. TROTSKY, 31 octobre 1917. »

En Autriche-Hongrie on prit une partie de notre télégramme et, à notre connaissance, ce fut par là que toute
l'Europe apprit que la malheureuse tentative faite par
Kérensky pour ressaisir le pouvoir avait fini misérablement.

Un mouvement d'ébullition se manifesta parmi les
Cosaques de Krasnow. Ils commencèrent à envoyer des
patrouilles à Pétrograd et même des délégations offi-
cielles à l'Institut Smolni. Là, ils purent se convaincre que
dans la capitale régnait un ordre parfait, et que cet ordre
était soutenu par la garnison qui, comme un seul homme,
avait pris fait et cause pour le gouvernement des Soviets.
La démoralisation des Cosaques s'accrut d'autant plus
qu'ils se rendirent compte de toute la folie de leur entreprise, qui consistait à vouloir s'emparer de Pétrograd
avec un peu plus d'un millier de cavaliers ; les renforts qui
devaient leur venir du front manquèrent complètement...

Les troupes de Krasnow se retirèrent vers Gatschina ;
lorsque, le lendemain, nous arrivâmes dans cette localité, l'état-major de Krasnow était, à vrai dire, déjà
prisonnier de ses propres troupes. Notre garnison de Gatschina occupait toutes les positions importantes. Les
Cosaques, eux, bien que n'étant pas désarmés, étaient, par
suite de leur moral, incapables de toute résistance nouvelle. Ils ne demandaient plus qu'une chose : qu'on les
renvoie le plus tôt possible chez eux, dans le Don, ou, tout
au moins, qu'on les laisse retourner au front.

Le Palais de Gatschina offrait un curieux spectacle. A
toutes les issues étaient des postes de garde renforcés.
A la grande porte d'entrée, de l'artillerie et des autos
blindées. Dans les salles du Palais s'étaient établis des
matelots, des soldats et des gardes rouges. Sur les tables
faites d'une matière précieuse il y avait des équipements
militaires, des pipes, des boîtes de sardines vides. Dans

l'un des appartements gisaient, épars, des matelas, des casquettes et des manteaux.

Le représentant du Comité Militaire Révolutionnaire, qui nous accompagnait, entra dans la salle de l'État-major, frappa fortement le sol avec la crosse de son fusil, s'appuya sur celui-ci et déclara : « Général Krasnow, le gouvernement des Soviets, vous et votre Etat-Major, vous met en état d'arrestation. » Aux deux portes se postèrent aussi des gardes rouges en armes.

Kérensky n'était pas là. Il s'était encore enfui, comme il l'avait fait au Palais d'Hiver. Dans la relation écrite qu'il fit le 1er novembre, le général Krasnow raconte comment eut lieu cette fuite. Nous reproduisons ici cet intéressant document sans en rien omettre :

« 1er novembre 1917, 7 heures du soir.

Vers trois heures de l'après-midi, le commandant en chef (Kérensky) m'a mandé auprès de lui. Il était très excité et très nerveux.

— Général, dit-il, vous m'avez trahi... Vos Cosaques déclarent qu'ils vont m'arrêter et me livrer aux matelots.

— Oui, répondis-je, il en est question, et je sais que vous ne trouverez nulle part de la sympathie.

— Mais les officiers, disent-ils cela, eux aussi ?

— Oui, les officiers sont particulièrement mécontents de vous.

— Que dois-je faire ? Faut-il donc que je mette fin à mon existence ?

— Si vous êtes un homme d'honneur, vous vous rendrez aussitôt à Pétrograd avec le drapeau blanc, et vous irez trouver le Comité Révolutionnaire, avec lequel vous conférerez, comme chef du gouvernement.

— Oui, général, je vais le faire.

— Je vais vous donner une escorte, et je demanderai qu'un matelot vous accompagne.

— Non, pas de matelot. Savez-vous que Dybenko est ici?

— Je ne sais pas qui est Dybenko.

— C'est mon ennemi personnel.

— Eh bien ! que voulez-vous faire ! Quand vous jouez gros jeu, vous devez aussi solder la note.

— Oui, mais je veux partir pendant la nuit.

— A quoi bon ? Ce serait une fuite. Partez tranquillement, sans vous cacher, afin que chacun puisse voir que vous ne fuyez pas.

— Bien. Mais donnez-moi, au moins, une escorte sûre.

— Oui.

Je sortis, je fis venir le Cosaque Ruskow du 10e régiment des Cosaques du Don, et je lui ordonnai de désigner huit Cosaques pour escorter le commandant en chef.

Une demi-heure après, les Cosaques parurent, annonçant que Kérensky n'était plus là, qu'il avait pris la fuite. Je fis donner l'alarme, et ordonnai des recherches ; je suppose qu'il n'a pas quitté Gatschina et qu'il s'y tient caché en quelque endroit.

Le général de brigade Krasnow,
commandant le 3e corps. »

C'était la fin de cette aventure.

Cependant nos adversaires ne cédèrent pas, et ils refusèrent de reconnaître que la question du gouvernement était résolue. Ils continuèrent à mettre leur espoir dans les troupes du front. Toute une série de chefs des partis de l'ancien Soviet — Tschernow, Tseretelli, Awjxentjew, Gotz et autres — se rendirent au front, tinrent des conférences avec les anciens comités des armées, se réunirent au quartier général de Duchonin, persuadèrent à celui-ci de résister et essayèrent même, selon ce que racontaient les journaux, de constituer au quartier général un nouveau ministère. Tout cela ne servit à rien.

Les anciens comités des armées avaient perdu toute importance, et il régnait au front une intense activité en vue de la convocation de conférences et de congrès, dont l'objet était de nouvelles élections pour toutes les organisations du front. Dans ces élections le Gouvernement des Soviets remporta partout la victoire.

Nos troupes quittèrent Gatschina en chemin de fer, se dirigeant vers Louga et Pskow. Là, elles rencontrèrent encore quelques convois de troupes de choc et de Cosaques, qui avaient été mandés par Kérensky ou envoyés là par quelque généraux. Il y eut même un combat avec l'un de ces détachements. Mais la plupart des soldats envoyés du front contre Pétrograd, déclarèrent, lors de leur première rencontre avec les représentants des troupes des Soviets, qu'ils avaient été trompés et qu'ils ne lèveraient pas un seul doigt contre le gouvernement des ouvriers et des soldats.

XXVIII

Difficultés intérieures.

Cependant, la lutte des Soviets pour le pouvoir se propageait dans tout le pays. A Moscou, cette lutte prit un caractère de difficulté et de violence extrêmes. Cela tient peut-être, pour une bonne part, à ce que les chefs du mouvement révolutionnaire n'avaient pas montré de prime abord toute la décision qu'il fallait dans une pareille attaque.

Dans la guerre civile, plus encore que dans toute autre guerre, la victoire ne peut être assurée que par une offensive résolue et continue. De l'hésitation, il n'en faut pas ;

des pourparlers, c'est dangereux ; et se confiner quelque part dans l'inaction, c'est désastreux.

Il s'agit là, en effet, de masses populaires, qui n'ont jamais encore eu le pouvoir entre leurs mains, qui se sont toujours trouvées sous le joug d'une autre classe, et qui, par suite, manquent totalement de sens politique. Toute hésitation dans le centre directeur de la révolution engendre aussitôt le désarroi parmi les masses. C'est seulement si le parti révolutionnaire lui-même marche résolument et sûrement vers le but, qu'il peut aider les classes ouvrières à surmonter leurs instincts de servitude invétérés depuis des siècles, et qu'il peut mener les masses ouvrières à la victoire. Et c'est seulement par une offensive radicale qu'on peut remporter la victoire avec un minimum de forces et de sacrifices.

Mais toute la difficulté est, précisément, de suivre une tactique sûre et résolue. Le manque de confiance des masses dans leurs propres forces et leur inexpérience des choses du gouvernement se répercutent aussi chez les chefs qui, eux, subissent encore la pression extrêmement forte de l'opinion publique bourgeoise.

La seule pensée d'une dictature éventuelle des masses ouvrières remplissait la grande bourgeoisie de haine et de colère. Elle exprimait ses sentiments à l'aide des innombrables organes qui sont à sa disposition. Les intellectuels, qui, malgré tout le radicalisme de leur langage et la teinte socialiste de leur philosophie, portent au tréfonds de leur être l'adoration servile de la puissance bourgeoise et de son « art de gouverner », suivaient fidèlement la grande bourgeoisie. Tous ces intellectuels « socialisants » tournaient les yeux vers la droite et considéraient la stabilisation du Gouvernement des Soviets comme le « commencement de la fin ».

Derrière les représentants des « professions libérales » venaient les fonctionnaires et le personnel des adminis-

trations techniques, tous ces éléments qui, intellectuel-
lement et matériellement, se nourrissent des miettes
tombées de la table de la bourgeoisie.

L'opposition de ces éléments avait le plus souvent un
caractère passif, — surtout après l'échec de la révolte des
élèves-officiers ; mais cette opposition pouvait paraître
d'autant plus insurmontable. En tout et pour tout ils nous
refusaient leur collaboration. Ou bien les fonctionnaires
abandonnaient leurs ministères, ou bien ils restaient à
leur poste, mais n'y faisaient aucun travail. Ils ne trans-
mettaient à leurs successeurs ni les divers services, ni les
comptes financiers. Au central téléphonique, nous n'obtenions plus la communication. Au télégraphe, on muti-
lait nos télégrammes ou on les arrêtait. Nous ne pouvions
trouver ni traducteurs, ni sténographes, ni même de
simples copistes.

Tout cela devait naturellement créer cette atmosphère
dans laquelle quelques éléments dirigeants de notre
propre parti commencèrent à se demander si, en présence d'une telle opposition de la société bourgeoise, les
masses ouvrières réussiraient à faire marcher l'appareil
gouvernemental et à conserver le pouvoir. Çà et là,
des voix se firent entendre pour proposer un accord. Un
accord avec qui ? Avec la grande bourgeoisie ? Mais
l'expérience de la coalition antérieurement formée avec
elle avait plongé la Révolution dans un effrayant
marasme. Le soulèvement du 25 octobre était considéré
comme un acte de conservation personnelle de la part des
masses populaires, après une époque d'impuissance et de
trahison de la part du gouvernement de coalition.

Maintenant, il y avait encore une autre coalition possible avec ce qu'on appelait la démocratie révolutionnaire, c'est-à-dire tous les partis soviétistes. C'était, à
vrai dire, une telle coalition que nous avions proposée
d'abord, dès la séance du Second Congrès des Soviets de

toutes les Russies, au 25 octobre. Le gouvernement de Kérensky venait d'être renversé, nous offrîmes au Congrès des Soviets de prendre dans ses mains le pouvoir. Mais les partis de droite se retirèrent, en faisant derrière eux claquer les portes. Et c'était aussi ce qu'ils pouvaient faire de mieux. Ils représentaient une partie infime du Congrès. Les masses n'étaient plus pour eux ; et les couches sociales qui, par indolence, les soutenaient encore venaient de plus en plus grossir nos rangs.

Une coalition avec les socialistes-révolutionnaires de droite et avec les Menschewiki aurait été incapable d'élargir la base sociale du Gouvernement des Soviets ; et, en outre, cette coalition aurait introduit dans la composition du gouvernement des éléments rongés jusqu'aux moelles par le scepticisme politique et par un culte idolâtre pour la grande bourgeoisie. Mais, toute la force du nouveau gouvernement consistait dans le radicalisme de son programme et dans la fermeté de ses actions. S'allier avec la fraction Tschernow et la fraction Tseretelli, c'était lier poings et pieds au nouveau gouvernement, lui enlever la liberté de mouvement et ainsi, à bref délai, ruiner la confiance que les masses ouvrières avaient en lui.

Nos voisins de droite les plus proches étaient ce qu'on appelait « les socialistes-révolutionnaires de gauche ». Ceux-ci étaient, en somme, disposés à nous soutenir; mais, en même temps, ils s'efforçaient de créer un gouvernement de coalition socialiste. La direction de la Fédération des cheminots (appelée Wikschel), le comité central des employés des postes et télégraphes, la fédération des fonctionnaires de l'Etat, toutes ces organisations étaient contre nous.

Même parmi les dirigeants de notre propre parti, il y avait quelques voix qui proclamaient la nécessité de réaliser l'union par tel ou tel moyen. Mais sur quelle base?

Toutes les organisations dirigeantes précitées et qui dataient de l'époque précédente avaient fait leur temps. Elles représentaient aussi peu l'ensemble du personnel subalterne que les anciens comités des armées représentaient les masses combattantes des tranchées.

L'histoire avait tracé une démarcation profonde entre « ceux d'en haut » et « ceux d'en bas ». Toutes les combinaisons empiriques émanant de ces chefs d'hier, que la Révolution avait usés, étaient condamnées à un fiasco certain. Il s'agissait donc de s'appuyer solidement et résolument sur les classes populaires afin de triompher avec elles du sabotage et des prétentions aristocratiques des hautes classes.

Nous laissâmes aux socialistes-révolutionnaires de gauche toutes les vaines tentatives d'union. Notre politique consista, au contraire, à opposer les classes ouvrières et populaires à toutes ces organisations représentatives qui soutenaient le régime de Kérensky. Cette politique d'irréconciliation provoqua des frictions même parmi les chefs de notre parti, et jusqu'à une certaine scission.

Au Comité central exécutif, les socialistes-révolutionnaires de gauche protestèrent contre les mesures sévères du nouveau gouvernement et insistèrent sur la nécessité d'adopter des compromis. Ils trouvaient aussi un appui dans certains milieux bolschewistes. Trois commissaires du peuple se démirent de leur mandat et quittèrent le gouvernement. Quelques autres membres du parti se déclarèrent, en principe, solidaires avec eux. Cela fit dans les milieux intellectuels et bourgeois une impression considérable : si les Bolschewiki n'avaient pas été vaincus par les élèves-officiers et les cosaques de Krasnow, il était maintenant clair que le Gouvernement des Soviets devait périr par suite de ses divisions intestines !

Cependant, les masses n'avaient rien remarqué de

toute cette scission. Elles soutenaient unanimement le soviet des commissaires du peuple, non seulement contre les conspirateurs et saboteurs contre-révolutionnaires, mais aussi contre tous les modérantistes et sceptiques.

XXIX

Le sort de la Constituante

Lorsque, après l'aventure Kornilow, les partis dominants du Soviet tentèrent de faire oublier leur indulgence à l'égard de la bourgeoisie contre-révolutionnaire, ils réclamèrent d'urgence la réunion de l'Assemblée Constituante. Kérensky, que les soviets venaient d'empêcher de s'unir trop intimement à son allié Kornilow, fut forcé par là de faire certaines concessions. La convocation de l'Assemblée Constituante fut fixée à la fin novembre. Mais les circonstances étaient alors telles qu'on ne pouvait avoir aucune garantie que la Constituante serait en fait convoquée.

Au front s'accomplissait un processus de désagrégation profonde ; les désertions devenaient chaque jour plus nombreuses, les masses combattantes menaçaient de quitter les tranchées par régiments et par corps d'armée tout entiers et, ravageant tout sur leur passage, de se retirer dans la zone de l'intérieur. Dans les campagnes, l'expropriation du sol et des biens fonciers s'effectuait avec une rigueur élémentaire. Quelques circonscriptions étaient soumises au régime de l'état de siège. Les Allemands poursuivaient leur offensive ; ils avaient déjà pris Riga et menaçaient maintenant Pétrograd. L'aile droite de la bourgeoisie ne cachait pas sa maligne joie de voir en péril la capitale de la Révolution. Les services gouvernementaux de Pétrograd étaient évacués, et le gouvernement de Kérensky se préparait à venir résider à Moscou.

Tout cela rendait la convocation de la Constituante non seulement douteuse, mais encore peu probable. A cet égard, le revirement d'octobre marqua le salut aussi bien pour la Constituante que pour la Révolution en général. Et, lorsque nous disions que le chemin de l'Assemblée Constituante ne passait pas par le Pré-Parlement de Tseretelli, mais par l'arrivée au pouvoir des Soviets, nous étions parfaitement sincères.

Mais l'ajournement continuel de l'Assemblée Constituante ne s'était pas produit sans avoir des conséquences fâcheuses pour elle. Conçue dans les premiers jours de la Révolution, elle ne vint au monde qu'après huit ou neuf mois d'une lutte des classes et des partis, pleine de difficultés et d'acharnement. Elle arriva trop tard pour pouvoir jouer encore un rôle actif. Sa stérilité organique dépendait d'un fait qui put d'abord sembler peu important, mais qui, par la suite, avait revêtu une portée capitale pour la destinée de la Constituante.

Le parti le plus nombreux de la Révolution dans sa première phase était le parti des socialistes-révolutionnaires. Nous avons déjà parlé de son amorphisme et de la bizarrerie de sa composition sociale. La Révolution donna forcément naissance à une organisation interne de tous ceux d'entre les socialistes-révolutionnaires qui se rangèrent sous la bannière commune des *Narodniki*. De plus en plus l'aile gauche s'en isolait, elle qui comprenait une partie des ouvriers et les masses profondes du prolétariat rural. Cette aile gauche entra en opposition irréductible avec la petite et la moyenne bourgeoisie qui était à la tête du parti socialiste-révolutionnaire. Mais l'indolence ré-

gnant dans les organisations du parti, ainsi que les tradi-
tions de celui-ci retardaient encore la scission inévitable.

Le système électoral de la représentation proportion-
nelle repose, comme on le sait, entièrement sur les listes
de parti. Comme ces listes avaient été établies deux ou
trois mois avant le revirement d'octobre, et que depuis,
elles n'avaient pas été modifiées, les socialistes-révolutionnaires de gauche et de droite, figuraient ensemble
sous la bannière d'un seul et même parti. C'est de cette
façon qu'à l'époque des événements d'octobre — c'est-
à-dire quand les socialistes-révolutionnaires de droite faisaient arrêter les socialistes-révolutionnaires de gauche, et
quand ceux-ci s'unissaient aux Bolschewiki pour renverser
le socialiste-révolutionnaire Kérensky — les vieilles listes
avaient encore toute leur validité; et les masses paysannes
furent obligées, aux élections pour la Constituante, de
voter au moyen de listes en tête desquelles venaient le
nom de Kérensky et puis, plus loin, les noms des socialistes-révolutionnaires de gauche qui avaient pris part à la
conjuration *contre* Kérensky.

Si les mois qui précédèrent la Révolution d'Octobre
virent les masses obliquer vers la gauche et les ouvriers,
soldats et paysans affluer automatiquement vers les
Bolschewiki, ce processus se traduisit, au sein du parti
socialiste-révolutionnaire, par le renforcement de l'aile
gauche aux dépens de l'aile droite. Mais, sur les listes du
parti socialiste-révolutionnaire dominaient encore, aux
trois quarts, les vieux noms de l'aile droite — noms qui,
epuis, dans la période de la coalition avec la grande
bourgeoisie libérale, avaient complètement perdu leur
prestige révolutionnaire.

Il faut encore ajouter que les élections elles-mêmes
eurent lieu dans le courant des premières semaines qui
suivirent la Révolution d'Octobre. La nouvelle du revirement qui venait de se produire se propagea, d'une façon

relativement lente, comme par ondes concentriques, de la capitale dans les provinces, et des villes dans les villages. Les masses paysannes en beaucoup d'endroits étaient loin de comprendre ce qui se passait à Pétrograd et à Moscou. Elles votèrent pour « la terre et la liberté », et elles votèrent pour ceux qui les représentaient dans les comités agraires et qui, pour la plupart, marchaient sous la bannière des « Narodniki» ; mais, ce faisant, elles votaient pour Kérensky et pour Awxentjew, eux qui prononçaient la dissolution de ces comités agraires et qui faisaient arrêter leurs membres !

Il en résulta, finalement, ce paradoxe politique invraisemblable que l'un des deux partis qui firent dissoudre la Constituante, à savoir les socialistes-révolutionnaires de gauche, fut, par suite de la communauté des listes, élu de conserve avec le parti qui avait procuré à la Constituante la majorité ! Cet état de choses donne, en fait, une idée nette de la mesure dans laquelle la Constituante retardait sur l'évolution de la lutte politique et sur celle des groupements des partis.

Il ne nous reste plus qu'à considérer la question au point de vue des principes.

XXX

LA DÉMOCRATIE ET LA DICTATURE DU PROLÉTARIAT

Etant marxistes, nous n'avons jamais été idolâtres de la démocratie de pure forme. Dans la « société de classes », les institutions démocratiques, non seulement font obstacle à la lutte des classes, mais encore elles assignent aux intérêts de classe une expression tout à fait insuffisante. Sous ce régime, les classes possédantes ont encore à leur disposition d'innombrables moyens pour adultérer, perturber et violenter la volonté des masses populaires et ouvrières.

Et les institutions de la démocratie sont encore plus imparfaites pour exprimer la lutte des classes lorsqu'on est en temps de révolution. Karl Marx nommait la révolution la « locomotive de l'histoire ». Grâce à la lutte franche et directe pour la puissance gouvernementale, les masses ouvrières accumulent dans un minimum de temps un maximum d'expérience politique et progressent rapidement dans la voie de leur développement. Le lourd mécanisme des institutions démocratiques est d'autant moins approprié à ce développement que le pays est plus vaste et que son appareil technique est plus imparfait.

A l'Assemblée Constituante, la majorité appartenait aux socialistes-révolutionnaires de droite. Selon la mécanique du parlementarisme, la puissance gouvernementale aurait dû aussi être à eux. Mais, déjà, durant toute la période qui avait précédé la Révolution d'Octobre, le parti des socialistes-révolutionnaires de droite avait eu la possibilité de s'emparer de cette puissance. Cependant, ce parti ne se saisit pas du gouvernement, laissant la part du lion à la grande bourgeoisie, et précisément par là — au moment même où la composition numérique de la Constituante l'obligeait moralement à exercer le pouvoir — il avait perdu le dernier reste de son crédit auprès des éléments les plus révolutionnaires du pays.

La classe ouvrière, et, avec elle, la garde rouge, était profondément hostile au parti des socialistes-révolutionnaires de droite. L'écrasante majorité de l'armée soutenait les Bolschewiki. Les éléments révolutionnaires des campagnes partageaient leurs sympathies entre les socialistes-révolutionnaires de gauche et les Bolschewiki.

Les matelots qui, dans les événements de la Révolution, avaient joué un rôle si important, suivaient presque tous notre parti. Les socialistes-révolutionnaires de droite furent obligés de sortir des soviets qui, dès octobre, c'est-à-dire avant la convocation de la Constituante, avaient pris le pouvoir.

Sur qui donc pouvait s'appuyer un ministère édifié par la majorité de l'Assemblée Constituante ? Il aurait eu pour lui les dirigeants de la population rurale, les chefs des « intellectuels » et les fonctionnaires ; et à droite il aurait trouvé, provisoirement, un appui dans la bourgeoisie. Mais, à un pareil gouvernement, l'appareil matériel du gouvernement aurait complètement manqué. Dans les points de concentration de la vie politique, tels que Pétrograd, ce gouvernement se serait heurté, dès le premier pas, à des obstacles insurmontables.

Dans ces conditions, si les soviets — conformément à la logique formelle des institutions démocratiques — laissaient le gouvernement au parti de Kérensky et de Tschernow, ce gouvernement, compromis et impuissant comme il était, n'aurait fait qu'apporter dans la vie politique du pays une anarchie passagère, pour être ensuite lui-même, au bout de quelques semaines, renversé par une nouvelle révolution. Les soviets résolurent de réduire au minimum cette expérience historique surannée, et ils prononcèrent la dissolution de l'Assemblée Constituante le jour même où elle s'était réunie.

Cela déchaîna contre notre parti les plus violentes accusations. La dispersion de l'Assemblée Constituante fit, incontestablement, même sur les milieux dirigeants des partis socialistes de l'Europe Occidentale, une impression défavorable. On vit dans cet acte, qui était pourtant inéluctable et nécessaire selon la sagesse politique, l'arbitraire d'un parti et une sorte de tyrannie. Dans une série d'études, Kautsky, avec la pédanterie qui lui est propre, exposa la corrélation existant entre la tâche socialiste révolutionnaire du prolétariat et le régime de la démocratie politique. Il montrait que, pour la classe ouvrière, le maintien des bases d'une organisation démocratique est, en dernière analyse, toujours utile.

Il est vrai que, somme toute, cela est parfaitement exact. Mais Kautsky ravalait cette vérité historique au rang d'une banalité de professeur. Si, en dernière analyse, il est avantageux pour le prolétariat de pratiquer la lutte des classes, et même la dictature, dans le cadre des institutions démocratiques, cela ne signifie nullement que l'histoire rende toujours possible pour le prolétariat une pareille combinaison. Il ne résulte pas de la théorie marxiste que l'histoire réalise toujours les conditions « les plus favorables » au prolétariat.

Actuellement, on est en peine de dire quel eût été le cours suivi par la Révolution, si l'Assemblée Constituante avait été convoquée au deuxième ou troisième mois de la Révolution. Il est très vraisemblable que les partis alors dominants, c'est-à-dire les socialistes-révolutionnaires et les Menschewiki, se seraient compromis, eux et la Constituante : et cela aussi bien aux yeux des éléments les plus actifs soutenant les soviets qu'aux yeux même des masses démocratiques plus arriérées, dont il aurait apparu que leurs espérances s'attachaient moins aux soviets qu'à la Constituante. Dans ces circonstances, la dissolution de la Constituante aurait pu conduire à de nouvelles élections, dans lesquelles le parti de l'aile gauche aurait pu avoir la majorité.

Mais les événements suivirent une autre route. Les élections à l'Assemblée Constituante eurent lieu le neuvième mois de la Révolution. A ce moment, la lutte des classes avait pris un caractère si aigu que, par une poussée venue de l'intérieur, elle a fait éclater les cadres formels de la démocratie.

Le prolétariat avait derrière lui l'armée et les couches rurales les plus pauvres. Ces classes se trouvaient dans un état de lutte directe et implacable contre les socialistes-révolutionnaires de droite. Mais, par suite de la grossière mécanique des élections démocratiques, c'est ce parti qui — fidèle image de la période de la Révolution antérieure aux événements d'Octobre — obtint à la Constituante la majorité. Ainsi se produisit une contradiction qu'il était absolument impossible de résoudre en restant dans le cadre de la démocratie de pure forme. Et seuls des pédants politiques, qui n'ont aucune idée de la logique révolutionnaire des antagonismes de classes, peuvent faire au prolétariat de banales représentations sur les avantages et l'utilité de la démocratie pour la cause de la lutte des classes.

La question fut posée par l'histoire d'une façon beaucoup plus concrète et plus aiguë. L'Assemblée Constituante fut donc obligée, étant donnée la composition de sa majorité, de conférer le pouvoir au groupe d'un Tschernow, d'un Kérensky et d'un Tseretelli. Mais ce groupe était-il en état de diriger la Révolution ? Pouvait-il trouver un appui dans la classe qui est, en quelque sorte, l'épine dorsale de la Révolution ? Non. La classe qui constituait le véritable cœur de la révolution s'était immédiatement heurtée contre son éco ce démocratique et, cela seul scellait la destinée de la Constituante.

Sa dissolution était la seule solution possible : la solution chirurgicale, le seul moyen de sortir d'une situation contradictoire qui n'avait pas été créée par nous mais par toute la série des événements antérieurs.

XXXI

LES NÉGOCIATIONS DE PAIX

C'est dans la séance de nuit — séance historique —
du Second Congrès des Soviets de toutes les Russies que
fut adopté le décret relatif à la paix. A cette époque le
Gouvernement des Soviets ne faisait encore que se consolider dans les centres les plus importants du pays ; mais
le nombre de ceux, qui, à l'étranger, croyaient à sa puissance était infiniment petit.

Dans cette séance nous adoptâmes le décret à l'unanimité ; mais beaucoup de gens ne virent là qu'une simple
démonstration publique. Les modérantistes criaient à
tous les coins de rue qu'il ne fallait pas attendre de notre
Révolution des résultats pratiques, car, d'une part, les
impérialistes allemands ne nous reconnaîtraient pas et
ne voudraient pas traiter avec nous, et d'autre part, l'Entente nous déclarerait la guerre, parce ce que nous avions
entrepris des négociations en vue d'une paix séparée.

C'est au milieu de ces pessimistes prédictions que
s'accomplirent nos premières démarches en vue d'une
paix démocratique universelle. Le décret fut adopté le
26 octobre, alors que Kérensky et Krasnow se trouvaient
aux portes mêmes de Pétrograd ; dès le 7 novembre nous
adressions à nos alliés ainsi qu'aux ennemis un radiotélégramme proposant de conclure une paix générale. En
réponse à ce télégramme, les gouvernements de l'Entente
s'adressèrent par l'intermédiaire de leurs attachés militaires, au généralissime, qui était alors le général Ducho-

nin, en déclarant que toute autre démarche en vue de négocier une paix séparée entraînerait les plus graves conséquences.

Nous répondîmes à cette protestation du 11 novembre par notre «Appel général aux ouvriers, soldats et paysans.» Dans cet appel nous déclarions que nous ne permettrions jamais que, sous la férule de la bourgeoisie étrangère, notre armée verse son sang. Nous écartions les menaces des impérialistes de l'Europe Occidentale, et nous prenions sur nous la responsabilité de la « politique de paix » à la face de la classe ouvrière du monde entier. Mais surtout nous publiâmes, selon nos catégoriques promesses, les traités secrets, et nous déclarâmes que nous condamnerions ce qui s'opposait aux intérêts des masses populaires de tous les pays.

Les gouvernements capitalistes cherchèrent à tirer parti de nos révélations au détriment les uns des autres, mais les masses populaires nous ont compris et appréciés. Pas un seul journal patriote-socialiste n'osa, à notre connaissance, protester contre le fait que le gouvernement des ouvriers et des paysans bouleversait de fond en comble toutes les méthodes de la diplomatie et renonçait à toutes les infamies et à toutes les machinations éhontées de cette dernière.

Notre diplomatie se donna pour but d'éclairer les masses populaires, de leur ouvrir les yeux sur l'essence de la politique de leurs gouvernements et de les unir dans la même volonté de haine et de combat contre l'ordre bourgeois et capitaliste.

La presse bourgeoise d'Allemagne nous reprochait de faire « traîner en longueur » les négociations de paix ; mais tous les peuples de l'univers suivaient avec passion le dialogue de Brest-Litowsk ; — et ainsi, pendant les deux mois et demi que durèrent les négociations de paix, fut rendu à la cause de la paix un service que les plus loyaux de nos adversaires eux-mêmes furent obligés de reconnaître. C'est là que pour la première fois la question de la paix fut mise sur une plate-forme d'où ni machinations, ni intrigues de derrière les coulisses n'ont pu depuis lors la faire descendre.

Le 22 novembre nous signâmes l'accord portant cessation de toutes opérations militaires sur tout le front depuis la Baltique jusqu'à la mer Noire. De nouveau, nous nous adressâmes à l'Entente en lui offrant de se joindre à nous pour mener de concert avec nous les négociations de paix. Nous n'eûmes pas de réponse, bien que, cette fois, l'Entente n'essayât plus de nous accabler de menaces.

Les négociations commencèrent le 9 décembre, un mois et demi après le vote du décret de paix ; toutes les accusations de la presse corrompue et traître au socialisme, nous reprochant d'avoir négligé de nous mettre en rapport avec l'Entente, sont donc invention pure. Pendant un mois et demi, nous avons tenu l'Entente au courant de chacune de nos démarches, et nous l'avons conjurée sans cesse de participer aux pourparlers de paix. Au regard du peuple français, du peuple italien, du peuple anglais, notre conscience est pure... Nous avons fait tout ce qu'il nous était possible de faire pour amener les belligérants à prendre part aux négociations. La responsabilité des négociations de paix séparée que nous fûmes obligés d'entreprendre ne retombe donc pas sur nous, mais sur les impérialistes de l'Europe occidentale, ainsi que sur ceux d'entre les partis russes qui prédisaient au gouvernement des ouvriers et paysans de Russie une mort prochaine et suppliaient l'Entente de ne pas prendre au sérieux notre initiative de paix.

Quoi qu'il en soit, les pourparlers de paix commencèrent le 9 décembre. Notre délégation fit une déclaration de principes, caractérisant les bases d'une paix démocratique universelle, selon l'esprit et la lettre du décret du 28 octobre (8 novembre du calendrier moderne). La partie adverse demanda une interruption de la séance, après quoi la reprise des pourparlers fut, selon les propositions de von Kühlmann, toujours et sans cesse ajournée.Il était évident que la préparation de la réponse à faire à notre déclaration par les délégués de la Quadruplice présentait de grosses difficultés. C'est le 25 décembre que fut communiquée cette réponse. Les diplomates de la Quadruplice se ralliaient à la formule démocratique d'une paix sans annexions ni indemnités et basée sur le droit des peuples à disposer d'eux-mêmes.

Il était parfaitement clair pour nous que c'était là une hypocrisie. Mais, de ces diplomates, nous n'en attendions même pas autant, car, selon la remarque d'un écrivain français, l'hypocrisie est un hommage que le vice rend à la vertu. Le seul fait que l'impérialisme allemand a cru nécessaire de rendre cet hommage aux principes de la démocratie, signifiait, selon nous, que la situation à l'intérieur de l'Allemagne devait être passablement grave.

Mais, si en général nous ne nous faisions pas d'illusion sur le démocratisme des von Kühlmann et des Czernin, — nous connaissions trop pour cela ce qu'étaient les classes dominantes en Allemagne et en Autriche-Hongrie, — on doit cependant avouer que nous n'aurions pas cru à la possibilité de l'abîme qui, comme cela se vit quelques jours plus tard, séparait les conditions de paix réelles de l'impérialisme allemand des formules présentées par M. von Kühlmann le 25 décembre, pour plagier les principes de la Révolution russe Nous n'étions, certes, pas préparés à une pareille impudence.

La réponse de M. von Kühlmann fit sur les classes ouvrières de Russie une formidable impression. Cette réponse fut interprétée comme le résultat de la peur des classes dirigeantes des Puissances Centrales devant le mécontentement et l'inquiétude croissante des masses ouvrières d'Allemagne. Le 28 décembre eut lieu à Pétrograd une colossale démonstration des ouvriers et des soldats en l'honneur d'une paix démocratique. Mais le lendemain notre délégation revint de Brest-Litowsk et nous fit part des exigences spoliatrices que nous exprimait M. von Kühlmann au nom des Puissances Centrales et comme application de sa formule « démocratique. »

Ce qu'escomptait, à vrai dire, la diplomatie allemande en adoptant ainsi des formules démocratiques à seule fin de démasquer, deux ou trois jours plus tard, sa voracité de loup, pourrait au premier abord sembler inconcevable. Les considérations théoriques — qui en majeure partie sur l'initiative de Von Kühlmann lui-même — évoluaient autour des principes démocratiques, étaient, pour le moins, osées. La diplomatie des Puissances Centrales devait elle-même s'être rendu compte de prime abord que cette façon de procéder ne lui rapporterait pas beaucoup de lauriers.

Or, le secret de toute la diplomatie de von Kühlmann était que ce monsieur était sincèrement persuadé que nous étions, quant à nous, tout disposés à faire son jeu. Il raisonnait à peu près ainsi : la Russie a absolument besoin de paix. Les Bolschewiki sont parvenus au pouvoir grâce à leur lutte pour la paix. Les Bolchewiki voudraient bien conserver le pouvoir. Cela n'est possible pour eux que s'ils font la paix. Ils sont, il est vrai, attachés à un certain programme de paix démocratique. Mais pourquoi y a-t-il des diplomates dans le monde, sinon pour teindre en noir ce qui est blanc ? Nous, Allemands, nous voulons faciliter aux Bolschewiki la situation, en ornant nos brigandages de formules décoratives. La diplomatie bolschewiste aura suffisamment sujet à ne pas serrer de trop près l'essence politique des choses, ou — plus exactement, à ne pas dévoiler aux yeux du monde entier le contenu de nos formules séductrices.

En d'autres termes, von Kühlmann espérait aboutir avec nous à un accord tacite : il nous paierait de ses belles formules et nous lui donnerions sans protester la possibilité d'incorporer à l'Allemagne des provinces et des peuples. Aux yeux des ouvriers allemands, l'annexion violente aurait de cette façon été sanctionnée par la Révolution russe.

Mais lorsque, au cours des débats, nous montrâmes qu'il ne s'agissait pas de paroles vides, ni de camouflage décoratif d'une basse manœuvre, mais des principes démocratiques appelés à régir les conditions de coexistence des peuples, von Kühlmann vit là une maligne violation d'un arrangement tacite. Il ne voulait pour rien au monde démordre de son texte du 25 décembre et, plein de confiance dans sa logique renforcée de bureaucrate et de juriste, il s'efforçait de prouver, aux yeux du monde entier, que rien ne distingue le blanc du noir et que, seule notre mauvaise volonté nous poussait à y trouver une différence.

Le comte Czernin, qui représentait l'Autriche-Hongrie, jouait dans ces négociations un rôle que personne ne pourrait qualifier d'imposant ou de digne. Il tenait maladroitement l'emploi de second et dans les moments critiques, à l'instigation de Kühlmann, se chargeait de faire les déclarations les plus brusques et les plus cyniques.

Le général Hoffmann, lui, apportait dans les négociations la note gaie. Sans montrer de grandes sympathies pour les instructions diplomatiques de von Kühlmann, le général mit plusieurs fois ses bottes de soldat sur la table autour de laquelle s'agitaient des débats juridiques compliqués. Quant à nous, nous ne doutâmes pas un instant que ces bottes du général Hoffmann fussent précisément la seule réalité sérieuse qu il y eût dans toutes ces négociations.

Un gros atout dans les mains de M. von Kühlmann était la participation des délégués de la Rada de Kiew aux négociations. Les petits bourgeois qui, en Ukraine, tenaient le pouvoir, attachaient la plus grande importance à leur « reconnaissance » par les gouvernements capitalistes de l'Europe. D'abord la Rada offrit ses services aux impérialistes de l'Entente et elle en obtint quelque argent de poche ; puis elle envoya ses délégués à Brest-Litowsk, afin de marchander, sur le dos des populations russes, la reconnaissance par les Gouvernements austro-hongrois et autrichien de sa légalité politique.

La diplomatie de Kiew, qui pour la première fois participait à la vie « internationale », fit preuve de l'étroitesse d'esprit et de la bassesse morale qui ont toujours caractérisé les mesquins politiciens de la Péninsule des Balkans. MM. Kühlmann et Czernin ne se faisaient naturellement pas d'illusions sur la vitalité de ce nouvel acteur de la comédie diplomatique. Mais ils estimaient à bon droit que la présence de la délégation de Kiew compliquait le jeu, et cela non à leur désavantage.

Lors de sa première entrée en scène, à Brest-Litowsk, la délégation de Kiew avait donné l'Ukraine comme un élément de la République fédérative russe qui était en train de se constituer. Cela aggravait notoirement le rôle des diplomates des Puissances Centrales, dont la principale tâche était, dans leur for intérieur, de transformer la République russe en un nouveau Balkan. Mais, à leur seconde entrée, les délégués de la Rada déclarèrent, sous la dictée de la diplomaatie austro-allemande, que l'Ukraine refusait maintenant de faire partie de la Confédération russe et qu'elle se considérait comme une république absolument indépendante.

Pour donner au lecteur le moyen de se faire une idée

claire et précise de la situation devant laquelle se trouvait, au dernier moment des négociations de paix, le Gouvernement des Soviets, je juge à propos de reproduire ici dans ses grandes lignes le discours que l'auteur de ces pages a prononcé, en sa qualité de commissaire du peuple aux affaires étrangères, à la séance du Comité central exécutif, le 14 février 1918.

XXXII

Discours du Commissaire du Peuple aux Affaires Etrangères

« Citoyens, le Gouvernement des Soviets russes n'a pas aujourd'hui seulement à reconstruire, mais il doit encore liquider les vieux comptes et, dans une certaine mesure, — qui est même très importante, — à payer les vieilles dettes : en premier lieu, les comptes de cette guerre, qui a duré trois ans et demi.

« La guerre a été la pierre de touche de la puissance économique des pays belligérants. Le destin de la Russie, étant le pays le plus pauvre et le plus arriéré de tous, était, dans une guerre d'une aussi longue durée, marqué d'avance. Vu le rôle capital du matériel de guerre, le facteur décisif de la lutte était, en dernière analyse, la capacité qu'avait chaque pays d'adapter son industrie aux exigences de la guerre, de la transformer le plus rapidement possible et de remplacer toujours plus vite les instruments de destruction, dont, au milieu de ce carnage des peuples, il se faisait une consommation toujours plus intense.

« Chaque pays, ou presque, et même le plus arriéré, pouvait, au début de la guerre, disposer des instruments de destruction les plus puissants, c'est-à-dire il pouvait les faire venir de l'étranger. C'était là le cas de tous les pays arriérés, et aussi celui de la Russie. Mais la guerre use vite son capital mort et exige sans cesse de nouvelles fabrications. La capacité militaire de chaque pays entraîné dans le tourbillon du massacre universel pouvait en réalité se mesurer à la capacité qu'il avait de fabriquer lui-même, pendant la guerre, d'une façon toujours renouvelée, des canons, des munitions et tout l'outillage analogue de destruction.

« Si la guerre avait résolu le problème de la proportion des forces dans un temps relativement court, la Russie aurait pu, théoriquement, conserver derrière les tranchées une position équivalant à la victoire. Mais la guerre a traîné trop longtemps. Et cela n'est pas dû au hasard. Le seul fait que toute la politique internationale des cinquante dernières années tendait à la création de ce qu'on appelait l' «équilibre européen », c'est-à-dire à la constitution d'une balance à peu près égale entre les forces ennemies, ce seul fait, — si l'on considère la puissance et la richesse des nations modernes soumises au régime bourgeois, — devait donner à la guerre un caractère de longue durée. Et cela signifiait, d'autre part, l'épuisement prématuré des pays les plus faibles et les moins développés au point de vue économique.

« Au point de vue militaire, le plus fort, c'était l'Allemagne, grâce à la puissance de son industrie et grâce à l'organisation moderne, neuve et rationnelle de cette industrie, en dépit d'un régime politique depuis longtemps suranné. Il apparut que la France, avec son organisation économique en grande partie mesquinement bourgeoise, était restée bien arrière de l'Allemagne, et même un empire colonial aussi puissant que l'Angleterre se trouva être, par suite du caractère plus conservateur et plus routinier de son industrie, inférieur à l'Allemagne.

« Lorsque la Révolution russe fut amenée par les événements à envisager la question des négociations de paix, nous n'avions aucun doute qu'il nous faudrait, dans ces négociations, solder l'addition de cette guerre de trois ans et demi, — à moins que la force du prolétariat révolutionnaire international ne vienne d'un magistral coup de canif lacérer le contrat. Nous savions bien aussi que nous avions dans l'impérialisme allemand un adversaire qui était rempli — jusqu'au bout des griffes — de la conscience de sa force colossale, cette force qui s'est manifestée si nettement au cours de la guerre actuelle.

« Tous les arguments de la clique bourgeoise prétendant que nous aurions été infiniment plus forts si nous avions conduit ces négociations de concert avec nos alliés sont au fond illogiques. Pour pouvoir, dans un avenir indéterminé, négocier de concert avec nos alliés, il aurait fallu d'abord continuer la guerre de concert avec ces alliés ; mais, le pays étant épuisé et affaibli, c'est précisément la continuation de la guerre, et non la fin de celle-ci, qui devait encore plus affaiblir et épuiser le pays. Ainsi, nous aurions dû, plus tard, acquitter les frais de la guerre dans des conditions qui auraient été pour nous encore plus défavorables.

« Si même il était arrivé que le camp dans lequel la Russie avait été poussée par les combinaisons internationales du tzarisme et de la bourgeoisie, ce camp, à la tête duquel est la Grande-Bretagne, si même il était arrivé que ce camp sortît victorieux de la guerre, — admettons pour un instant cette issue peu probable — cela n'aurait nullement signifié, citoyens, que notre pays, lui, ait été victorieux. Car, en continuant la guerre, la Russie devait se trouver, même au sein du camp victorieux de l'Entente, encore plus épuisée et plus ravagée qu'elle ne l'est aujourd'hui.

« Les chefs de ce camp, c'est-à-dire l'Angleterre et

l'Amérique, auraient employé, à l'égard de notre pays, exactement les mêmes méthodes que l'Allemagne a pratiquées pendant les négociations de paix. Etant donné ce qu'est la politique des pays impérialistes, ce serait une puérilité stupide et sotte que de se laisser diriger par des considérations autres que celles des intérêts positifs et de la force brutale.

« Si donc notre pays est maintenant affaibli, à la face de l'impérialisme de l'univers, nous ne sommes pas affaiblis, parce que nous sommes sortis du cercle de feu de la guerre, ni parce que nous nous sommes libérés des liens des obligations militaires internationales ; non, nous sommes affaiblis par suite de la politique du tzarisme et des classes bourgeoises, cette politique contre laquelle nous avons combattu, comme parti révolutionnaire, aussi bien avant la guerre que pendant la guerre elle-même.

« Rappelez-vous, citoyens, dans quelles circonstances notre délégation s'était rendue la dernière fois à Brest-Litowsk, en sortant directement de l'une des séances du Troisième Congrès des Soviets de toutes les Russies. Alors nous vous rendîmes compte de l'état des négociations et des exigences de nos ennemis.

« Ces exigences, vous vous en souvenez, exprimaient le désir masqué, ou plus exactement, à demi masqué, de réaliser des annexions : annexion de la Lithuanie, de la Courlande, d'une partie de la Livonie, les îles Moonsund et une contribution de guerre à demi dissimulée, que nous estimions alors à six ou huit et même jusqu'à dix milliards de roubles.

« Au cours de la suspension des négociations, qui a duré à peu près dix jours, il s'est produit en Autriche-Hongrie une fermentation considérable et les grèves ouvrières ont éclaté. Ces grèves ont été le premier résultat de la méthode employée par nous dans la conduite des négociations, le premier résultat atteint par nous auprès du prolé-

tariat des Puissances Centrales, en présence des prétentions annexionnistes du militarisme allemand.

« Combien piteuses sont, à côté de cela, les affirmations
de la presse bourgeoise disant qu'il nous avait fallu
deux mois de conversation avec von Kühlmann pour
savoir que l'impérialisme allemand nous imposerait des
conditions rapaces ! Non, cela, nous le savions dès la
première heure. Mais, dans cette « conversation » avec les
représentants de l'impérialisme allemand, nous avons
essayé de trouver un moyen d'accroître la force de ceux
qui luttent contre l'impérialisme allemand. Nous ne pro-
mettions pas des miracles, mais nous prétendions que
notre méthode était la seule qui restât à la démocratie
révolutionnaire, pour lui assurer la possibilité d'un plus
vaste développement.

« On peut, naturellement, déplorer que le prolétariat
de certains autres pays, et notamment celui des Puissances Centrales, marche trop lentement dans la voie de
la lutte révolutionnaire franche et ouverte. Le rythme
de son développement doit être considéré comme trop
lent ; toujours est-il qu'en Autriche-Hongrie il y a eu un
mouvement qui s'est étendu à tout le pays et qui est
un effet immédiat et direct des négociations de Brest-
Litowsk.

« Lorsque je partis d'ici, nous disions que nous n'avions
aucune raison de croire que la vague gréviste balaierait le
militarisme autrichien et allemand. Si nous l'avions cru,
nous aurions, naturellement, donné très volontiers la
promesse que certaines personnes attendaient de notre
bouche — et qui était de ne conclure, en aucun cas, une
paix séparée avec l'Allemagne. Alors, je disais déjà que
nous ne pouvions pas faire une telle promesse — qui aurait équivalu à prendre l'engagement de vaincre le militarisme allemand. Car, le secret d'une pareille victoire,
nous ne le possédons pas.

« Et, comme nous ne pouvions pas prendre sur nous
de modifier à bref délai les proportions des forces internationales, nous déclarâmes franchement et loyalement
qu'un gouvernement révolutionnaire pouvait, dans certains cas, se voir contraint d'accepter une paix annexion-
niste. Le déclin de ce gouvernement devait commencer là
où il aurait essayé de dissimuler à son propre peuple le
véritable caractère de cette paix de brigandage, mais non
pas là où, après le combat, il était forcé d'accepter une
pareille paix.

« En même temps, nous faisions remarquer que nous
nous rendions à Brest-Litowsk pour poursuivre les négociations de paix, dans des conditions qui manifestement
s'amélioraient pour nous, alors qu'elles empiraient pour
nos ennemis. Nous suivions de près le mouvement qui se
produisait en Autriche-Hongrie et, il y avait beaucoup de
raisons de croire — comme c'était, du reste, l'opinion des
députés socialdémocrates au Reichstag allemand — que
l'Allemagne se trouvait, elle aussi, à la veille de pareils
événements.

« C'est avec de telles espérances que nous partîmes.
Et, dès les premiers jours de notre séjour à Brest-Litowsk,
la télégraphie sans fil nous apportait de Wilna les premières nouvelles relatives au déclanchement à Berlin
d'un formidable mouvement gréviste qui, comme en
Autriche-Hongrie, se rattachait directement et immédiatement à la marche des négociations de Brest-Litowsk.

« Mais, comme l'implique souvent la dialectique de la
lutte des classes, les formidables dimensions de ce mouvement prolétarien — tel que l'Allemagne n'en avait
encore jamais vu de pareil — devaient précisément avoir
pour effet de rendre plus étroite l'union des classes possédantes et de les animer d'un esprit d'intransigeance encore
plus grand. Les classes dirigeantes en Allemagne sont
douées d'un instinct de conservation assez solide pour se

rendre compte que, dans la situation où elles se trouvaient
— pressées comme elles l'étaient par les masses populaires — toute concession, même la moindre, serait une
capitulation devant le spectre de la Révolution.

« Et c'est pour cette raison que von Kühlmann — passé
la première période de désarroi dans laquelle il retardait
intentionnellement les négociations, ne fixait aucune
séance ou les gaspillait en questions secondaires et de
pure forme — dès que la grève fut liquidée et qu'il put
se convaincre que, pour l'instant, aucun danger ne menaçait plus la vie de ses maîtres, reprit son ton de hau-
taine assurance et redoubla d'agressivité.

« Nos pourparlers se compliquèrent du fait de la participation de la Rada de Kiew. Nous l'avions déjà an-
noncé la fois précédente. La délégation de la Rada de
Kiew parut au moment où la Rada possédait en Ukraine
une organisation assez forte et où l'issue du combat ne
se laissait pas encore prévoir. C'est précisément alors
que nous proposâmes officiellement à la Rada de conclure
avec nous un traité, comme conditions préalables duquel
nous demandions à la Rada de qualifier Kaledin et Kornilow de contre-révolutionnaires et de ne pas s'opposer
à notre lutte contre eux.

« La délégation de la Rada de Kiew arriva à Brest-
Litowsk au moment précis où nous espérions conclure
avec elle un accord aussi bien ici que là-bas. Là-bas aussi
nous déclarâmes que, tant qu'elle serait reconnue par le
peuple de l'Ukraine, nous consentirions à l'admettre aux
négociations en qualité de partie contractante autonome.
Mais, plus se développaient les événements en Russie et
en Ukraine, plus l'antagonisme devenait aigu entre les
couches populaires de l'Ukraine et de la Rada, et plus la
Rada montrait de propension à conclure avec les gouvernements des Puissances Centrales le premier traité de paix
venu et, en cas de besoin, à faire intervenir le militarisme

allemand dans les affaires intérieures de la République russe, pour protéger la Rada contre la Révolution russe.

« C'est le 9 février (date du calendrier moderne) que, comme nous l'apprîmes, les négociations de paix poursuivies à notre insu entre la Rada et les Puissances Centrales devaient être signées. Le 9 février est l'anniversaire de la naissance du roi Léopold de Bavière et, selon l'usage des pays monarchiques, c'est pour ce jour de fête qu'avait été fixée — j'ignore si c'est avec l'assentiment de la Rada de Kiew — la solennité de cet acte historique. Le général Hoffmann fit tirer le canon en l'honneur de Léopold de Bavière, après avoir demandé à la délégation de Kiew de procéder à ce salut d'honneur — car le traité de paix attribuait Brest-Litowsk à l'Ukraine.

« Mais les événements prirent une telle tournure que, au moment où le général Hoffmann demandait à la Rada de Kiew l'autorisation de faire tirer le canon, il ne restait plus à la Rada, en dehors de Brest-Litowsk, beaucoup de territoires. Conformément aux dépêches que nous venions de recevoir de Pétrograd nous fîmes connaître officiellement aux délégations des Puissances Centrales que la Rada de Kiew n'existait plus — circonstance qui n'était nullement indifférente pour la marche des négociations de paix.

« Nous proposâmes au comte Czernin d'envoyer en Ukraine des représentants, accompagnés de nos officiers, afin de pouvoir constater *de visu* si son co-contractant, la Rada de Kiew, existait ou non. Le comte Czernin eut l'air d'accepter cette proposition ; mais, quand nous lui demandâmes si cela signifiait aussi que le traité avec la délégation de Kiew ne serait pas signé avant le retour de ses mandataires, il fut pris de doute et s'offrit à poser la question à von Kühlmann. Mais, après avoir posé la question, il nous fit parvenir une réponse négative.

« C'était le 8 février, et le 9, il fallait que le traité fût signé ; il n'y avait pas d'ajournement possible. Non seulement à cause de l'anniversaire de la naissance du roi Léopold de Bavière, mais aussi pour une raison plus importante, que von Kühlmann avait certainement fait comprendre au comte Czernin : « Si maintenant nous envoyions nos représentants en Ukraine, ils pourraient, en fait, finir par se convaincre que la Rada n'existe plus. Et alors nous aurions devant nous pour tout potage une seule délégation panrusse, ce qui réduirait nos chances dans les négociations... »

« De la part de la délégation austro-hongroise, on nous disait : « Quittez le terrain des principes, posez la question sur une base plus pratique, et alors vous pourrez causer avec la délégation allemande... Il n'est pas possible que les Allemands continuent la guerre simplement à cause des îles Moonsund, pourvu que vous présentiez cela d'une fa on concrète... »

« Nous répondîmes : « Soit, nous sommes tout disposés à mettre à l'épreuve la condescendance de vos collègues de la délégation allemande. Jusqu'à présent, nous avons discuté sur le droit de libre disposition des Lithuaniens, des Polonais, des Livoniens, des Lettons, des Esthoniens et autres, et nous avons établi pour tous ces pays qu'il ne saurait être question de libre disposition. Maintenant nous allons voir quelle est votre opinion à l'égard de la libre disposition d'un autre peuple, à savoir le peuple russe, et quelles sont vos intentions et les plans de stratégie militaire que vous dissimulez derrière l'occupation par vous des îles Moonsund. Car ces îles ont une importance défensive, soit qu'elles fassent partie de la République autonome d'Esthonie, soit qu'elles appartiennent à la République fédérative de Russie ; mais, au mains de l'Allemagne, elles acquièrent une valeur offensive et menacent le centre véritable de la vie de notre pays et, tout particulièrement, Pétrograd.

« Mais le général Hoffmann, naturellement, ne fit pas la
moindre concession. Arriva l'heure de la décision. La
guerre, nous ne pouvions pas la déclarer ; nous étions
trop faibles. L'armée avait perdu sa cohésion intérieure.
Pour sauver notre pays, pour l'empêcher de se désagréger
complètement, nous devions d'abord rétablir la liaison
intérieure entre les masses des travailleurs. Ce lien psychologique ne peut être créé que par la voie d'un travail pro-
ductif s'opérant aux champs, à la fabrique et à l'atelier.

« Nous devions réinstaller les masses travailleuses, qui
ont tant souffert des maux inouïs et des épreuves épouvan-
tables de la guerre, dans leurs champs et dans leurs fabriques, où elles se retrouveront et se fortifieront grâce au
travail, et c'est par ce seul moyen que nous pourrons
créer une discipline intérieure. C'est là la seule ressource
pour ce pays, qui expie maintenant les fautes du tzarisme
et de la bourgeoisie.

« Nous sommes contraints de mettre fin à la guerre, et
nous retirons l'armée du champ de carnage. Mais en même
temps nous nous écrions à la face du militarisme allemand :

« La paix que vous nous imposez est une paix de violence et de rapine. Nous ne voulons pas permettre
que vous, messieurs les diplomates, vous puissiez dire
aux ouvriers allemands : — Vous prétendiez que nos
exigences étaient des conquêtes et des annexions, mais
voyez, nous vous apportons sous ces exigences l'aval de
la Révolution russe ! — Oui, nous sommes faibles ; nous
ne pouvons pas maintenant faire la guerre ; mais nous
possédons assez d'énergie révolutionnaire, pour montrer
que, selon notre libre arbitre, nous ne mettons pas notre
signature au bas d'un traité que vous écrivez avec votre
sabre sur le corps de peuples vivants. »

« Et nous avons refusé de signer. Je crois, camarades,
que nous avons fait ce qu'il fallait faire.

« Camarades, je ne prétendrai pas qu'une attaque de l'Allemagne contre nous est impossible, — une telle affirmation serait trop risquée, quand on se représente quelle est la force du parti impérialiste en Allemagne. Mais je crois que l'attitude que nous avons prise dans cette question a, dans une large mesure, accru pour le militarisme allemand la difficulté de l'attaque.

« Cependant, qu'arriverait-il si l'Allemagne venait à nous attaquer ? A cela nous ne pouvons faire qu'une réponse : si dans notre pays, qui est épuisé, et dans un état désespéré, si dans notre pays on peut stimuler encore le courage des éléments révolutionnaires et capables de vivre, si chez nous la lutte pour la défense de notre Révolution et du foyer de cette Révolution est encore possible, — ce n'est là que la résultante de la situation que nous venons de créer, et l'effet de la décision par laquelle nous nous sommes retirés du combat tout en refusant de signer le traité de paix. »

NXXIII

LA SECONDE GUERRE ET LA SIGNATURE DU TRAITÉ DE PAIX

Dans les premiers jours qui suivirent la rupture des négociations, le gouvernement allemand hésita et ne sut quel chemin prendre. Les politiciens et les diplomates croyaient apparemment que le principal était acquis, et qu'on n'avait aucune raison de courir après nos signatures.

Mais le parti militaire, lui, était dans tous les cas disposé à briser les cadres tracés par le Gouvernement allemand dans le traité de Brest-Litowsk. Le professeur Kriege, membre de la délégation allemande, dit bien à l'un des membres de notre délégation que, dans les circonstances actuelles, il ne pouvait pas être question d'une marche en avant des troupes allemandes à l'intérieur de la Russie. Le comte Mirbach, qui était alors à la tête de la mission allemande à Pétrograd, partit pour Berlin avec l'assurance que l'accord au sujet de l'échange des prisonniers de guerre était complet.

Mais tout cela n'empêcha pas le général Hoffmann, — cinq jours après la rupture des négociations de Brest-Litowsk — de déclarer que l'armistice avait pris fin ; en même temps le délai de sept jours accordé pour la dénonciation de l'armistice était compté postnumérando, c'est-à-dire à partir de la dernière séance de Brest-Litowsk. Faire ici les frais d'un mouvement d'indignation au sujet de cette violence serait certainement déplacé : le tout s'accorde excellemment avec le caractère général de la moralité diplomatique et militaire des classes dominantes.

La nouvelle marche en avant des troupes allemandes eut lieu dans des conditions qui pour la Russie étaient quasi-mortelles. Au lieu du délai d'une semaine qui avait été convenu, nous n'avions qu'un délai de deux jours, avant la reprise des hostilités. Cette circonstance accrut encore la panique dans l'armée, qui se trouvait déjà dans un état de décomposition chronique. De résistance, il pouvait à peine en être question. Les soldats ne voulaient pas croire que les Allemands attaqueraient de nouveau, après que nous avions déclaré que l'état de guerre n'existait plus. La retraite panique paralysait même la volonté des corps de troupes qui étaient disposés à combattre.

C'est dans les quartiers ouvriers de Pétrograd et de Moscou que l'indignation contre cette marche en avant des Allemands, qui était un acte de trahison et même de brigandage absolu, atteignait le plus haut degré d'acuité. Les ouvriers étaient, pendant ces journées et ces nuits de surexcitation, prêts à s'enrôler dans l'armée par dizaines de mille. Mais le côté organisation était resté très en retard. Les divers corps de partisans, qui étaient pleins d'enthousiasme, durent se convaincre, lors des premières rencontres sérieuses avec les troupes régulières allemandes, de leur infériorité. De là vint un état de dépression extrême.

La vieille armée était depuis déjà longtemps mortellement atteinte, et elle se décomposait en une multitude de tronçons isolés qui encombraient les routes et les carrefours. Dans l'état d'épuisement général où se trouvait le pays et dans le marasme effrayant de l'industrie et des moyens de communication, une nouvelle armée ne pouvait être créée que très lentement. Le seul obstacle sérieux qui se trouvait sur le chemin de l'avance allemande était la distance.....

L'attention du Gouvernement austro-hongrois était principalement fixée sur l'Ukraine. La Rada fit demander directement, par sa délégation de Brest-Litowsk, aux gouvernements des Puissances Centrales, une assistance militaire contre les Soviets, qui venaient de triompher sur tout le territoire de l'Ukraine. C'est ainsi que la démocratie des petits bourgeois de l'Ukraine avait volontairement ouvert la porte à l'invasion étrangère dans sa lutte contre la classe ouvrière et contre les prolétaires paysans.

En même temps le gouvernement de Svinhufvud appelait à son aide les baïonnettes allemandes contre le prolétariat finlandais. Le militarisme allemand se chargeait ouvertement, à la face du monde entier, d'être le bourreau de la révolution ouvrière et paysanne de Russie.

Dans les rangs de notre parti s'engagèrent d'ardents débats sur la question de savoir si, étant données les circonstances, nous devions accepter l'ultimatum allemand et signer le nouveau traité, ce traité qui, — aucun de nous n'en doutait, — contiendrait des conditions infiniment plus dures que celles qui nous avaient été présentées à Brest-Litowsk.

Les uns pensaient que, pour le moment, en raison de l'intervention à main armée des Allemands dans les luttes intérieures qui se déroulaient sur le sol de la république russe, il ne convenait pas de créer pour une des parties de la Russie un état de paix et de rester passif, pendant que, dans le Sud et dans le Nord, les troupes allemandes édifieraient le régime de la dictature bourgeoise.

Les autres, à la tête desquels se trouvait Lénine, estimaient que chaque instant de délai et de répit, si court fût-il, aurait la plus grande importance pour la consolidation intérieure et pour le développement de la capacité défensive de la Russie. Après que notre impuissance à repousser présentement l'invasion ennemie avait si tragiquement éclaté aux yeux du pays et de tout l'univers, la conclusion de la paix devait être considérée comme un acte qui nous était imposé par la dure loi de disproportion des forces. Il serait puéril de se laisser guider ici uniquement par l'abstraite morale révolutionnaire. Ce qu'il faut, ce n'est pas périr avec honneur, mais remporter la victoire finale.

La Révolution russe veut vivre, elle doit vivre, et elle est obligée, par tous les moyens dont elle dispose, d'éviter un combat au-dessus de ses forces, afin de gagner ainsi du temps, en attendant que le mouvement révolutionnaire de l'Europe Occidentale vienne à son aide. Pour l'instant l'impérialisme allemand soutient un dur combat contre le militarisme de l'Angleterre, de la France et de l'Amérique. C'est cela seul qui rend possible la conclusion de la paix entre la Russie et l'Allemagne. Il faut profiter de la situation. L'intérêt de la Révolution, voilà la loi suprême. Puisque nous ne sommes pas en état de refuser la paix, nous devons l'accepter ; nous devons nous assurer un instant de répit, afin de travailler de toutes nos forces à l'intérieur du pays et, en particulier, à la création d'une armée.

Au Congrès du parti communiste comme au quatrième Congrès des Soviets, ce furent les partisans de la conclusion de la paix qui triomphèrent. Se joignirent à eux un grand nombre de ceux qui même en janvier avaient estimé qu'il était impossible de signer le traité de Brest-Litowsk.

« Alors, s'écriaient-ils, notre acceptation du traité aurait été regardée par les ouvriers anglais et français comme une misérable capitulation effectuée sans tentative de combat. Même les basses insinuations des chauvinistes anglais et français sur les machinations secrètes du gouvernement des Soviets avec les Allemands auraient pu, — au cas où nous aurions signé la paix, — trouver créance dans certains milieux ouvriers de l'Europe Occidentale. Mais, maintenant que nous avons refusé de signer le traité de paix, après la nouvelle marche en avant des ennemis, après les efforts que nous avons faits pour les arrêter, et après que notre faiblesse militaire s'est manifestée avec une formidable évidence aux yeux du monde entier, personne n'osera plus nous reprocher de capituler sans combattre. »

Le traité de Brest-Litowsk dans sa seconde teneur, encore plus rigoureuse pour nous que la première, fut donc signé et ratifié.

Cependant, en Ukraine et en Finlande, les valets du bourreau germanique continuaient leur besogne, et menaçaient de plus en plus le centre effectif de la vie de la Grande-Russie. C'est ainsi que désormais la question de l'existence de la Russie comme pays indépendant est indissolublement liée à la question de la Révolution européenne.

XXXIV

Conclusion

Lorsque notre parti s'empara du pouvoir, nous connaissions d'avance toutes les difficultés que nous allions rencontrer. Au point de vue économique, le pays, par suite de la guerre, était épuisé jusqu'au dernier degré. La Révotion avait détruit le vieil appareil administratif, sans avoir le temps d'en créer un nouveau pour le remplacer. Des millions de travailleurs avaient été, dans cette guerre de trois ans, projetés hors des cellules économiques du pays, déclassés et moralement déracinés. L'énorme industrie de guerre, reposant sur une base économique insuffisamment préparée, dévorait les forces vives du peuple.

La démobilisation de cette industrie soulevait les plus grandes difficultés. Des phénomènes d'anarchie économique et politique s'étendaient sur tout le territoire du pays. Les paysans russes avaient été, pendant des siècles, maintenus agglomérés, d'une façon élémentaire, par la discipline barbare du pays et comprimés de haut en bas par la discipline de fer du tzarisme. Or, le développement économique avait ruiné la première et la Révolution avait détruit la seconde de ces disciplines.

Au point de vue psychologique, la Révolution signifiait pour les masses paysannes le réveil de la personnalité humaine. Les formes anarchiques de ce réveil étaient les conséquences inévitables de l'oppression jusqu'alors subie. On ne peut arriver à établir un nouvel ordre de choses, reposant sur le contrôle de la production par les travailleurs eux-mêmes, qu'en éliminant continuellement et radicalement les manifestations anarchiques de la Révolution.

Mais, d'autre part, les classes possédantes, même quand elles ont été chassées du pouvoir, ne veulent pas abandonner leurs positions sans combattre. La Révolution a posé, de la façon la plus radicale, la question de la propriété privée du sol et des moyens de production — question de vie ou de mort pour les classes capitalistes. Au point de vue politique, cela signifie une guerre civile tantôt dissimulée et tantôt à découvert, mais toujours, acharnée et continuelle. Mais la guerre civile, quant à elle, entretient inévitablement toutes les tendances anarchiques existant dans le mouvement des masses ouvrières. C'est ainsi que, lorsque l'industrie, les finances, les moyens de communication et le ravitaillement sont en décadence, une guerre civile permanente engendre des difficultés inouïes dans l'œuvre de production et d'organisation.

Néanmoins, le Gouvernement des Soviets a le droit d'envisager l'avenir avec une pleine confiance. Seul, un calcul exact de toutes les ressources du pays, seule une organisation rationnelle de la production, c'est-à-dire une organisation établie sur un plan d'ensemble, et seule une répartition économe et raisonnable de tous les produits peuvent sauver le pays. Or, c'est cela qui est le socialisme. Ou bien déchéance définitive au rang d'une simple colonie, ou bien renaissance socialiste — voilà les deux alternatives devant lesquelles est placé notre pays.

La guerre a miné le sol de l'univers capitaliste tout entier. C'est là ce qui fait notre invincible force. Le cercle de fer de l'impérialisme dont nous sommes oppressés sera brisé par la révolution prolétarienne. Nous n'en doutons pas un seul instant, pas plus que, durant les longues années de notre lutte souterraine contre le tzarisme, nous n'avons douté de son inévitable effondrement.

Combattre, serrer les rangs, instaurer la discipline ouvrière et l'ordre socialiste, accroître la productivité du travail, et n'avoir peur d'aucun obstacle, voilà notre devise. L'histoire travaille pour nous. Tôt ou tard la Révolution prolétarienne éclatera en Europe et en Amérique, et apportera la délivrance, non seulement à l'Ukraine, à la Pologne, à la Lithuanie, à la Courlande et à la Finlande, mais aussi à toute l'humanité souffrante.

TABLE DES MATIÈRES

ORLÉANS, IMP. H. TESSIER

LES ARCHIVES
DE LA GRANDE GUERRE

Publication mensuelle

PRIX DE L'ABONNEMENT

France : 30 fr. — Etranger : 35 fr. — Prix du numéro : 3 fr.

LES ARCHIVES ONT DÉJA PUBLIÉ :